KB119675

가르치는 이유

James A. Beane 저 | 정광순 역

A Reason to Teach
Creating Classrooms of Dignity and Hope

학지사

A Reason to Teach: Creating Classrooms of Dignity and Hope
by James A. Beane

역자 서문

살다 보면 이런 질문을 하곤 합니다.

"여기는 어딘가?"

"나는 누군가?"

이런 질문을 10대나 20대에만 하는 건 아닙니다. 30대에도 하고, 불혹의 나이인 40대에도 합니다. 물론 50~60대에도 할 것입니다. 교사는 교사로서 자신에게 이런 질문을 더 자주 할 것입니다.

"내가 여기서 뭐하는 건가?"

"교사로서 이런 것도 해야 하나?"

"나는 지금 여기서 교사로서 무슨 말을 해야 하나, 어떻게 행동해야 하나?"

"이런 수업을 계속해야 하나?"

"지금 나는 내가 원했던 교사의 모습인가?"

교사는 이런 성찰을 하기 싫어도 할 수밖에 없는 환경에서 삽니다.

이 길이 제가 살아온 길이고, 지금도 여전히 살고 있는 길이며, 앞으로 계속 걸어갈 길이기에 이 길에서 건강하게 살려면 가던 길을 잠시 멈추고 생각을 해야 하는 시간이 필요합니다. 적당한 시기에 스스로 적절하게 변하기 위한 도전도 해야 합니다. 지금이 바로

그런 상황이고 순간이라면, 이 책을 읽어 보는 것으로 시작해 보십시오. 당신이 교사라면, 이 책은 당신이 학교에서 가르치는 이유를 찾아볼 수 있도록 이끌어 줄 것입니다.

이 책의 저자 제임스 빈James Beane은, 특히 교실에서 가르치는 교사가 읽기에는 그리 어렵지 않은 말로, 지금까지 교실 수업 공간에서 교사가 가르쳐 온 모습과도 동떨어지지 않는 것들에 대해 말하고 있습니다. 익숙한 새로운 이야기를 합니다.

당신은 브라이언 슐츠Brian Shults 교사가 학생들과 함께 실행한 교육과정 이야기, 『이 길을 따라서 경이로운 일들이 일어납니다』도 읽을 수 있을 것입니다. 가르침과 배움이 함께 거주하는 공간에 살고 있는 교사가 가는 길이 장미나 튤립처럼 화려한 꽃으로 장식한 꽃길만은 아닙니다. 오히려 꽃 같지도 않은 꽃들, 흐드러지게 펴서 꽃밭이 되어야만 비로소 사람들이 눈길을 주는 그런 길입니다. 교사라면 이런 꽃밭을 한 번쯤 만들어 본 경험이 있고, 그래서 제임스 빈이 말하는, 슐츠가 말하는 이런 경이로운 일들을 이미 알고 있기에 충분히 공감할 수 있을 것입니다.

역자로서 저는 통합교육과정을 연구하는 학자인 저자, 제임스 빈을 좋아합니다. 그는 통합을 내용 간의 통합으로만 한정하지 않는 사람입니다. 실천가에게 필요한 통합하는 방법론이 제공하는 형식이나 틀에 개방적인 연구자입니다. 통합교육과정을 통해서 개인적인 삶과 공적인 삶을 하나의 삶으로 통합할 수 있다는 신념을 가진 학자입니다.

제가 이 책을 번역해야겠다고 마음먹은 것은 2021년쯤일 것입니다. 당시 저는 2022 개정 통합교과(바른 생활, 슬기로운 생활, 즐거운 생활), 교육과정과 후속하는 새 교과서를 개발하면서 계속 그에 대해 생각했습니다. 교과서를 통해서 할 수 있는 일은 거의 없었지만, 교과서를 통해서 할 수 있는 일을 포기하지 않았던 우리가 걸어온 길 위에서 겪는 딜레마를 가지고 그와 몇 번의 e-mail을 주고받았습니다. 나는 평소에 교사가 교실에서 특별히 개발하거나 실행하는 교육과정이 궁극적으로 통합교육과정일 수밖에 없다고 생각합니다. 저자의 이 책에서도 같은 메시지를 읽었습니다. 여러분도 여러분이 교실에서 학생과 교육과정을 개발할 때 의도하는 것이 이 책에서 저자가 말하는 것과 다르지 않음을 느낄 것입니다.

봄을 맞이하며
역자 정광순
2024. 4. 10.

일러두기

1. 원문에서 '–'로 풀어 쓴 내용은 (   )에 넣어서 번역하였다.

2. 원문에서 앞 문장을 더 구체적으로 설명하기 위해서 ';'로 이어 놓은 문장은 '온점(.)'을 찍은 평서문으로 표기하였다.

3. 원문의 이탤릭체는 진하기로 표기하였다.

4. 본문에 등장하는 개인은 조지 우드와 같은 방식으로 모두 한글로 표기하였다. 그러나 학자 및 연구자 등 공인의 이름(예: 조지 우드George Wood), 지역명(예: 위스콘신주 매디슨Madison, WI), 학교명(예: 셔먼 중학교Sherman Middle School) 등은 원어를 병기하였다.

5. Democratic Way는 민주주의식으로 사고하고 활동하고 생활한다는 의미다. 이에 번역서에서는 Democratic Way를 어떤 사람이 민주적인 방식을 취한다는 의미에서 민주주의 방식으로 번역하였다. 물론 민주적인 방법, 민주적 접근 등으로도 번역할 수 있다.

한국어판 서문

전 세계적으로 민주주의는 위기에 처해 있다. 이에 민주주의를 믿는 사람이라면 자신이 사는 곳에서 민주주의를 살리려고 노력해야 한다. 가장 중요한 임무는 우리 아이들이 민주적인 삶의 방식과 가치를 배우도록 돕는 일일 것이다. 이 일을 학교보다 더 잘할 수 있는 곳이 있을까?

민주주의를 외치기만 해서는 충분하지 않다. 민주주의를 배우려면 우리 학생들이 민주적인 방식으로 생활해야 한다. 직접 경험해야 한다. 그래서 학교를 민주적인 생활 및 삶의 표본으로 만들어야 한다. 학교는 학생에게 무엇을 어떻게 배울지 목소리를 낼 기회, 다른 사람과 협력할 기회, 실제 사회 문제를 다룰 수 있는 기회, 정보를 비판적으로 분석하는 것을 배우고 중요한 쟁점이나 아이디어를 토론할 기회를 주어야 한다.

많은 교사가 학창 시절 동안 민주적인 학교와 교실에서 배우지 못했기 때문에, 어디에서부터 어떻게 시작해야 할지 참고할 것이 부족하다. 이런 교사를 돕고 격려하기 위해서 이 책에서는 모든 학교, 학급의 사례를 담았다. 나는 이 책에 등장하는 교사를 모두 알고 있고, 그들의 교실을 방문해서 수업하는 모습도 보았다. 신규 교사든 경력교사든 모두 학교에서 민주적으로 생활하려고 노력하고 있었다.

이 책에서 제시하는 아이디어만이 민주적인 방식으로 가르치는 유일한 길은 아니다. 교사는 이런 아이디어를 찾고, 주변의 동료들과 각자의 학교에 적절한지를 반드시 판단해야 한다. 나는 많은 교사가 민주적인 교실을 만드는 놀라운 방식이나 아이디어를 이미 가지고 있다고 생각한다. 즉, 교사들이 서로 협력하는 것보다 더 좋은 방법은 없다.

『가르치는 이유』를 한국어로 출판해서 기쁘다. 한국의 교육자들이 민주주의를 위해 가르치려고 할 때 이 책이 도움이 되기를 바란다.

미국 위스콘신주 매디슨에서

제임스 빈

저자 서문

왜 교사가 되었는가? '아이들과 함께하려고', '내가 좋아하는 교과를 가르치려고', '가족 중에 교사가 있어서 자연스럽게', '학창 시절 기억이 좋아서 혹은 좋지 않아서', '더 좋은 사람이 되려고' 등 우리는 여러 가지 이유로 교사가 된다. 내가 교사가 되고 싶었던 이유는 '교육 전문가가 되고 싶어서'다. 즉, 학생이 좀 더 민주적으로 생활하는 것the democratic way of living을 배우도록 돕고 싶었기 때문이다. 이것이 학교교육의 목적이자 우리가 가르쳐야 하는 가장 중요한 이유다. 그러나 통상 학교는 민주적이지 않다. 그래서 우리는 민주적인 교실을 만들기 위해 교사로서 왜, 어떻게 해야 하는가 하는 문제를 생각해 보아야 한다.

학교가 바뀌어야 한다고 주장하는 책은 대부분 비슷한 톤을 가지고 있다. 그것이 무엇이든 우리가 새로운 혹은 더 나은 아이디어에 수평선the horizon처럼 아직 닿지 못한 것이라고 말한다. 교사가 실천하면 언젠가는 "저기에out there" 갈 수 있다고 말한다. 그러나 이 책에서는 좀 다르게 접근한다. 우리가 "민주적인 방식으로 가르치는teach the democratic way" 문제를 다루려고 노력하는 순간부터 그곳은 이미 민주적인 곳이다. 민주적인 교실은 민주주의 문화를 조성하고, 민주적인 전문가 공동체를 만드는 등 모든 것을 좀 더 민주적으로 만든다. 이를 위해서는 우리가 자신을 민주적인 교사로 인식해야 한다. 우리는 바로 지금부터 민주적인 방식으로 접근해야 한다.

이 책에서는 교사에게 민주적인 방식을 결단하도록 격려한다. 이 점이 이 책이 지닌 가장 뚜렷한 특성이고 다른 책과의 차이점이다. 이 책을 통해서 민주적으로 가르치는 것이 어떤 것인지 보여 줄 것이다. 예를 들어, 교사는 '교육과정을 어떻게 마련할지', '어떤 지식을 강조할지', '어떤 활동이나 자료를 사용할지', '평가는 어떻게 할지', '무슨 일을 할지', '교실을 어떻게 운영할지', '학생 모둠을 어떻게 편성할지' 등 매일 수많은 것을 결정하는데, 이를 민주적으로 다루는 이야기를 할 것이다.

이 책에서는 다음과 같은 질문을 주로 다룬다. "민주적으로 가르치는 것을 언제? 어떻게? 누가? 무엇을 해야 하는가? 이 질문에 어떻게 답해야 하는가?" 민주적인 방식으로 가르치는 교사는 다음과 같은 믿음을 전제로 한다.

- 민주주의와 민주적인 생활에 기여하는 교육과정이 필요하다.
- (나이와 상관없이) 학생은 민주 시민이고, 학교에서 일어나는 일에 대해 말할 권리가 있다.
- 민주적으로 '배운다'는 것은 민주적으로 '산다'는 의미다.
- 학생이 교육과정 계획에 참여하는 것은 교육과정 형식과 내용을 정한다는 의미다.
- 개인적으로, 그리고 사회적으로 중요한 쟁점을 교육과정에 담아야

한다.

- 지식은 학생이 자신과 세계를 이해하는 도구이자 쟁점을 다루는 도구다.

내가 생각하기에 교사가 이러한 믿음을 기반으로 의사결정을 한다면, 교실, 학교, 공동체나 사회도 변화시킬 수 있다. 나는 학생이 민주적으로 생활할 수 있도록 도울 수 있는 곳이 오직 학교뿐이라고 생각할 정도로 낭만적이지도, 순진하지도 않다. 그러나 학교는 모든 사람이 거쳐 가는 장소이기 때문에, 사람들은 학교가 민주적인 생활 방식에 강력한 영향을 미치는 기관이라고 생각한다. 그러니 학교에서 학생에게 무엇을, 어떻게 가르칠 것인가 하는 문제에 이렇게까지 관심을 갖는 것이 아닌가?

이 책에서 나는 교사가 학교에서 어떻게 민주적인 방식으로 가르칠지 생각해 보도록 돕고 싶다. 제1장에서는 교사가 민주적인 공동체를 만드는 이유를 설명하였다. 제2장에서는 '교실에서 나는 무엇을 해야 하는가?'와 같이 흔히 교사가 물어볼 만한 질문을 다루었다. 이 장에서는 교사가 결정하는 것들을 다루며, 민주적인 방식으로 가르치는 사례를 제시하였다. 그리고 브라이언 슐츠Brian Schultz의 이야기(그와 5학년 학생들이 지역사회가 새 학교를 지어 주기로 한 약속을 지키도록 민주주의를 실천한 이야기)를 덧붙였다.

제3장에서는 교실로 시선을 돌려서 민주적인 교실 공동체 혹은 문화 조성 문제를 설명하였다. 제4장에서는 민주주의를 지향하는 교사가 교실을 어떻게 보는지 살펴보았다. 또 민주주의를 지향하

는 교사가 동료와 민주적 공동체를 어떻게 만드는지 살펴보았다. 이 내용은 특히 중요하다. 왜냐하면 학교에서 민주주의를 지향하는 교사는 거의 한두 명 정도이며 이 점은 어디를 가나 비슷하기 때문이다. 나는 이 장 마지막 절에서 민주적인 생활을 도와주려는 교육대학원(교사를 위한 대학원) 프로그램을 살펴볼 것이다. 만약 대학원에서 민주적인 방식을 가르치지 못한다면 교사도 교실에서 민주적인 방식으로 가르칠 수 없을 것이다.

마지막 두 장에서는 조금 다른 내용을 다룰 것이다. 존 듀이John Dewey가 주장했듯, 교육 아이디어는 다른 아이디어보다 낫다고 해서 꼭 좋은 것은 아니다. 이러한 맥락에서 제4장에서는 다른 방식(민주적인 방식이 아닌 방식들)을 거의 비판하지 않았지만, 제5장에서는 최근 학교교육정책이나 방향을 비판했다. 마지막 장인 제6장에서는 학교교육이 민주주의 목적을 다시 추구하려면 어떻게 해야 하는지에 대해 내가 생각하는 몇 가지를 제시했다.

비록 민주적인 방식으로 가르치는 것이 오늘날 (미국의) 교육정책(예를 들어, 무자비한 낙오 학생 방지 법안No Child Left Behind Act 등)으로 인해 다소 주춤하지만 희망을 잃으면 안 된다. 이 책에서 나는 민주주의 교육이 오랜 전통을 가지고 있음을 드러내고자 했다. 어떤 사람은 민주주의 전통이 사라질 것이라고 말한다. 오늘날과 같은 안티 민주주의가 처음도 아니고, 아마 마지막도 아닐 것이다. 그러나 이미 민주적인 방식은 되살아나고 있다. 물론 상황이 좋아지기보다는 나빠질 공산이 크지만, 민주적인 방식에 동조하는 여러 집단, 학술지 논문, 책, 보고서 등에서 긍정적인 징후가 보이고 있다.

나는 수많은 교사가 민주적인 방식으로 무엇을 어떻게 하였는지 말해 주는 이야기를 기초로 이 책을 집필하였다. 지난 2년여 동안 1주일에 몇 번씩 한 중학교를 방문해서 교실에서 민주주의로 접근하는 교사들과 함께 시간을 보냈다. 그 시간 동안 내가 배운 많은 것을 기억한다.

이 책을 읽는 동안, 특히 다음 세 가지를 염두에 두면 좋겠다.

첫째, 민주적인 방식으로 가르치는 교사는 종종 학교 안팎에 있는 덜 민주적인 (혹은 전혀 민주적이지 않은) 구성원과 갈등을 일으키기도 한다는 점이다. 그러나 비민주적인 사람이나 단체와 대적하는 것이 민주적으로 가르치기 위한 전제나 조건은 아니다. 어느 날 우리 사회가 사회−경제−문화적으로 완전히 정의롭고 평등해진다고 해서 갑자기 민주적인 방식으로 가르치는 것을 멈출 것인가? 물론 아니다. 우리는 삶을 살아가는 방식으로서 민주적으로 가르치려는 것이지, 비민주적인 세력에 대응하려는 것이 아니다. 그럼 어디서부터 시작해야 하는가? 교실에서의 일상생활부터 시작해야 할 것이다.

둘째, 수많은 교사가 이미 민주적인 방식으로 가르치면서 여러가지 접근 혹은 개념을 사용하고 있다는 점이다. 참 학습, 프로젝트 학습, 문제 해결 학습, 서비스 학습, 협력적 문제 해결 학습, 쟁점을 다루는 학습, 학생이 계획하는 여러 가지 학습 등 우리가 생각하는 것보다 더 많은 교사가 자신의 교실에서 이런 여러 가지 이름을 사용해서 민주적인 방식으로 가르치고 있다. 이렇게 가르치는 교사들은 이미 민주주의의 맥락을 파악하며 민주주의의 이름을 붙이기 시작했다. 민주주의는 이런 교수법으로 가르치는 교사가 공격을 받을 때를 대비하도록 도와준다. 민주주의를 지지하는 힘이 그러한 공격보다 더 강력하기 때문이다. 민주주의를 비판하는 것은 교수법을 공격하는 것보다 훨씬 더 어렵기 때문이다.

셋째, 많은 교사가 열심히 한다는 것을 알지만, 열심히 하는 것만으로 부족하다. 나는 수많은 교사가 학생을 사랑하고 돌보며 교실에서 참여를 높이고, 긍정적으로 생활한다는 것을 알고 있다. 그러나 우리가 정말 학생을 위한다면 학교를 넘어서야 한다. 우리는 학생이 세상에 관한 쟁점을 좀 더 깊이 생각하도록 도와야 한다. 우리는 학생이 좀 더 나은 세상을 만들 수 있도록 도와야 한다. 관련 지식을 확장할 수 있도록 도와야 한다. 우리는 오늘날 학생이 어른이 되기 전에 민주 시민으로서 권리를 행사할 수 있도록 도와야 한다. 정말로 우리가 학생을 위한다면 학생이 살아가는 삶을 오염시키고 희망을 짓밟는 부정의와 불평등에 더 대항해야 한다. 이 책이 정말로 교사가 민주적인 방식으로 가르치도록 도울 수 있기를 바란다.

차례

제1장 민주적인 방식 취하기 · 25

제2장 민주적인 방식으로 가르치기 · 43

제1장
민주적인 방식 취하기

아름다운 가을 어느 날 동료와 함께 어린이 학교Children's School를 방문했던 순간이 생생하다. 우리 대학교 대학원에 다니고 있던 한 교사가 어린이 학교 이야기를 해 주었다. 솔직히 처음에는 교사와 학생들이 마을 사람들과 함께 협력해서 회의를 통해 학교를 운영한다는 이야기를 믿기 어려웠다. 학생들은 우체국, 자전거 수리점 등을 직접 운영하고 연극을 제작한다고 했다. 그리고 학생들이 실생활 중심 프로젝트를 수행할 수 있는 교육과정을 개발한다고 했다. 우리가 차를 타고 시골 지역으로 들어갈수록 이 교사가 해 준 이야기를 점점 더 믿기 어려웠다. 이 지역은 부유한 부모가 자녀에게 '창의적' 경험을 하게 해 주는 '대안학교' 또는 실험학교를 운영하는 지역이 아니었다. 주에서 가장 가난하고 고립된 지역 중 하나였다. 빈곤하다는 것은 도로 표지판에서도 알 수 있었다. 학교에는 보여 줄 만한 프로그램을 운영할 예산이 거의 없었다.

교장은 우리를 반갑게 맞아 주었지만 바쁘다고 하면서 우리에게 학교를 둘러보라고 했다. 어떤 학생은 우리에게 달걀 부화 정도를 촛불에 비춰서 알아보는 과학 실험을 보여 주었다. 우리가 다른 교실에 들렀을 때, 한 무리 학생들이 요즘 인기 있는 청량음료 레시피를 따라 음료를 만드는 법을 보여 주었다. 다른 무리는 처마 밑에 붙은 벌집을 관찰하고 있었다. 다른 교실에서는 젊은 교사와 학생이 둘러앉아서 지역사회를 연구하는 방법을 계획하고 있었다. 또 다른 무리는 복도 끝에 모여서 각각 수행한 읽기가 문해력 프로그램에 어떻게 부합하는지를 설명하고 있었다. 학교 현관에서는 세 학생이 설계한 전신 시스템을 설치하기 위해 천장 타일을 이리저리 옮기고 있었다. 언제나처럼 우리는 교사에게 교육과정에 대해 이것저것 물어보고 싶었다. 그러나 오전이 다 지날 때까지 어떤 교사에게서도 "안녕하세요."라는 말 외에는 듣지 못했다. 교사들은 교육과정 설명도 학생에게 들어 보라고 했다.

점심시간에 학생 몇몇이 교내 우체국과 자전거 수리점을 어떻게 운영했는지 이야기했다. 점심시간이 반쯤 지났을 때 우리는 학생이 극본을 쓰고 제작한 두 편의 짧은 연극을 보기 위해 대화를 잠시 멈추었다. 그때 우리는 학생에게 배식하고 있던 정장 차림을 한 남자를 보고 누구냐고 물었다. 그는 "저는 교육감입니다."라고 대답했다.

오후에 우리는 학교가 주관하는 주간 마을 회의에 참여했다. 저학년 교사는 학생들에게 학급회의 시간에 협력적 거버넌스를 알려 준다. 3학년부터 매주 학교 전체 회의에 참여한다. 회의는 도서관에서 열리며 학생이 돌아가면서 진행한다. 학생은 교사나 학생이 제출한 의제를 회의 안건으로 준비한다. 우리가 방문한 날 학생들은 평소대로 의제를 발표했다. 이번 회의에서는 두 가지 문제를 논의했다. 하나는 학교에서 모자를 쓰는 학생을 어떻게 해야 할것인가 하는 문제고, 다른 하나는 도서관에서 방석을 사용한 후 반납하지 않는 학생들을 어떻게 할 것인가 하는 문제였다. 둘 다 해결 방안에 합의했고, 투표로 마무리했다. 놀랍게도 교사든 학생이든 모든 사람이 투표에서 평등하게 한 표를 행사했다. 한 교사는 이처럼 학생에게 권한을 위임하고 해결을 시도한다고 설명하면서 그날 학교 게시판에 올라온 의제는 세 가지(무기나 마약에 대한 일반적인 규칙을 제외하면)였다고 설명했다. 심지어 이런 제안은 두꺼운 종이에 손글씨로도 쓰고 실현하기 불가능하다면 쉽게 변경하거나 폐기할 수도 있었다.

학교 수업이 끝나고 나서야 마침내 우리는 교장, 교사와 함께 앉아서 우리가 물어보고 싶었던 질문을 할 수 있었다. 우리는 "학교가 어떻게 이렇게 될 수 있었는가?", "누가 이런 아이디어를 냈는가?", "얼마나 오래 이렇게 해 왔는가?", "학부모나 다른 중학교 교사들은 뭐라고 하는가?" 등의 질문을 하였고 교사는 여러 질문에 대답하면서 다양한 파일이나 문서를 보여 주었다. 이때 우리는 교사가 학교에서 매일 하는 당연한 것들을 설명해야 한다는 느낌도 받았다. 나중에 들어 보니 학교의 규모나 빈곤 학생 비율에 비해 학생 성취 점수가 기대 수준을 넘어섰기 때문에 주 교육부에서 학교를 방문한 적도 있었다고 했다. 학교 분위기로 보았을 때 학생은 비정상적이라고 할 정도로 공동체 의식이 높았고, 교사도 거의 만장일치에 가까울 정도로 학교 만족도가 높았다. 이 학교는 예상하기 힘든 일을 해냈고 예상을 뛰어넘는 결과를 내고 있었다. 초창기에는 교육부 관리자가 학교에서 점수를 조작했을 수도 있다고 의심했다고 한다. 그래서 이 교사들이 방문자에게 다소 방어적인 모습을 보이는 것이었다.

시간이 지나 이 학교와 이 학교에서 일하는 사람들에 대해 더 자세히 알려지면서 감탄도 커졌다. 그러나 이 학교를 방문할 때마다 "왜 이 학교는 이렇게 이례적인가?", "관리자나 교사가 이러한 학교교육을 생각한 이유는 무엇일까?", "교사는 무슨 생각을 하며 교육과정을 준비하고 학생과 상호작용하는가?", "이런 학교가 특별한 학교가 아니라 보통의 학교라면 어떨까?" 등의 질문을 늘 떠올린다. 이 학교는 실생활 중심 혹은 프로젝트 중심 교육과정, 참여적 거버넌스 시스템, 공동체와 평등을 강조한다는 점에서 민주주의 교육 사례를 생생하게 보여 주고 있었다.

민주적인 방식

민주주의. 이 말만큼 우리가 바라는 말이 있을까? 또 동시에 이 말만큼 우리가 하는 일에 명분이 되어 주는 말이 있을까? 민주주의라는 말로 우리는 전쟁을 정당화하기도 하고, 평화를 요구하기도 한다. 사적 이익을 주장하기도 하고, 사회와 경제적 정의를 요구하

권리라면 나는 다른 사람과 협력하거나 도울 의무가 없다. 그리고 민주주의가 단순히 시장에서 선택하는 것이라면 환경을 파괴하거나 노동을 착취하는 것도 선택이다.

내가 말하는 민주주의가 흔히 말하는 '민주주의'와 너무 다르다면 어떤 이름을 붙일 수 있을까? 내가 말하는 민주주의를 '고귀한' 민주주의라고 부를 수도 있다. 그 목적이 품위 있고 고양적이기 때문이다. 또 내가 말하는 민주주의를 '공공' 민주주의라고 부를 수도 있다. 개인의 권리뿐만 아니라 공동선에 관심을 두기 때문이다. 이러한 민주주의를 '윤리적' 또는 '도덕적' 민주주의라고 부를 수도 있을 것이다. 존엄, 연민, 정의와 같은 가치를 추구하기 때문이다. 또 이러한 민주주의를 '참여적' 민주주의라고 부를 수도 있다. 사람에게 정보를 접하고 들을 권리를 보장하며 협력하고자 하기 때문이다. 우리는 이미 민주주의가 참여 이상의 것을 얼마나 많이 포함하는지 알고 있다. 어떤 사람은 내가 말하는 민주주의를 '낭만적인' 민주주의라고 비판할 수 있다. 왜냐하면 내가 말하는 민주주의에서 열망하는 능력, 지성과 창의성, 타인에 대한 관대함 등은 냉정하고 가혹할 정도로 이윤을 추구하는 오늘날의 관점에서 너무나 수사학적이고 유행이 지난 것처럼 보이기도 하기 때문이다. 또 어떤 사람은 내가 말하는 민주주의가 '순수'하며 '진짜'라고도 본다. 개인적인 이익이나 선택하는 자유를 고집하는 것보다 전통적으로 민주주의가 추구해 온 목표를 더 명확히 한다고 말하는 것도 이견은 있을 수 있다. 나는 우리가 '책임질 줄 아는' 민주주의를 주장한다. 왜냐하면 자기 이익이나 자기 과시를 넘어 행위에 따른 결과를 고려해야 하기 때문이다.

내가 말하는 민주주의를 무엇이라고 불러야 할까? 민주주의라는 말을 사용하거나 남용하는 수많은 다른 방식과 혼동하지 않을 방법은 없을까? 그래도 그냥 민주주의라고 부르자. '사적인', '저속한', '과정' 민주주의 같은 버전도 결국에는 민주주의의 의미를 온전히 나타내지는 못한다. 이런 버전은 민주주의를 조작적으로 정의할 뿐이다. 내가 말하는 민주주의에 특별한 이름을 붙일 수 없듯이 다른 사람도 마찬가지다. 따라서 우리가 민주적으로 가르친다는 의미도 어떤 수식어 없이 그냥 민주주의라고 부르자. 나는 민주주의라는 말을 원래 의미대로 사용하면서 이 용어를 오용하지 않을 것이다.

민주적인 방식으로 가르칠 수 있을지 알아보는 과정에서 민주주의를 투표할 수 있는 정부 형태 정도로 생각할 수도 있다. 그러나 민주주의는 함께 있고, 함께 살고, 함께 배우며, 우리의 생활을 더 좋게 만드는 방식이라고 생각하기를 바란다. 따라서 우리는 민주주의를 낙관적이고 인도적인 관점에서 본다. 그리고 민주주의를 다음과 같이 본다.

- 모든 사람은 존엄하고 고유한 권리를 가지고 있다.
- 우리는 서로를 돌볼 수 있다.
- 우리는 모두 운명적으로 공동선과 연결되어 있다.
- 우리는 우리가 직면한 문제를 해결할 수 있는 집단지성(집단적 지적 능력)과 함께 협력하는 사회적 능력을 갖추고 있다.

우리 자신과 우리 자녀를 위해 이러한 민주주의가 우리가 원하는 민주주의여야 한다. 따라서 민주적

> 민주주의는 미국의 신념이다.
> George Counts(1952).

인 학교나 민주적인 교실도 이러한 민주주의를 염두에 두어야 할 것이다.

생활 중에 민주적인 방식 배우기

민주주의 공동체를 유지하는 것은 전적으로 사람에게 달려 있다. 우리는 민주주의를 원할 뿐만 아니라 민주주의를 실현하는 방법도 알아야 한다. 우리는 다른 사람과 협업하고, 정보를 찾아 분석하며, 지역사회 자원을 찾아서 활용하며, 계획을 하고 의사결정을 하고 아이디어를 전달하며 조처를 취하는 등 민주주의 공동체에 참여하고 민주주의 공동체를 지속할 필요가 있다. 분명한 것은 우리가 민주적으로 행동하는 데 필요한 기능, 가치관, 성향 등을 가지고 태어나지는 않았다는 점이다. 더 중요한 것은 우리가 책을 통해서 민주주의에 대해 듣는 것만으로는 민주적으로 생활하는 방식을 배울 수 없다는 것이다. 경험하는 것만이 민주적인 생활 방식을 배우는 유일한 방법이다. 민주주의를 경험하면서 사회생활이 더 풍요로워지는 것을 목격하고 민주적인 생활 방식에 필요한 기능, 가치관, 성향 등을 배울 수 있다.

이는 학교나 학교에서 생활하는 사람에게 어떤 의미일까? 간단

히 말하면 학교를 살아 있는 민주적인 공동체로 바꾼다는 의미다.
즉, 다음과 같은 질문을 생각해 보자.

- 우리는 학생을 어떻게 생각하는가? 학생을 존엄하게 다루는가? 한 사람으로 대화하는가? 학생으로 대화하는가? 우리는 학생-교사로서 학생과 관계를 맺는 것은 아닌가?

- 우리는 가르칠 때 민주주의 절차를 어떻게 활용하는가? 교실에서 일어나는 일에 대한 발언권을 학생에게 주는가? 학생은 함께 하는 법을 어떻게 배우는가? 학생은 우리가 말하는 것을 적극적으로 탐구하는가? 혹은 그냥 수동적으로 받아들이는가?

- 학교 구조는 학생을 공정하고 공평하게 대하는 구조인가? 모든 학생이 다양하고 풍부한 경험을 하는가? 공동체 내에 있는 집단은 다양한가? 학교 안에서 어떤 집단이 다른 집단보다 학업적으로 성공할 기회를 더 많이 얻는가? 학교 문화는 모든 집단 사람들에게 공평한가? 학교교육 자원을 전체 재학생에게 공평하게 배분하는가?

- 학교 안팎의 개인적·사회적 쟁점을 다루면서 배우는 교육과정이 있는가? 다양한 문화를 존중하는 교육과정인가? 다양성을 극복해야 할 문제로 보는가, 긍정적으로 존중해야 하는 것(학교에서 생활하고 학습할 수 있는 가능성을 풍부하게 하는 것)으로 보는가?

- 학교에서 사람들은 민주적으로 일하는가? 쟁점이나 문제를 함께 다루는가? 함께 교육과정을 개발하는가? 개인적으로 혹은 협

제2장
민주적인 방식으로 가르치기

교사는 늘 교실 환경, 학습 활동, 수업 계획 등 '테크닉technical matters'에 관심이 있다. 당연하다. 교실에서는 수업 종이 울리면 모든 것이 실전이다. 일을 시작해야 한다. 교사는 지시를 내리고 정리를 한다. 교실에서 여러 가지 일을 순간적이고 동시다발적으로 처리한다. 교실 생활을 잘 모르는 사람들은 교사가 하는 대부분의 일을 계획할 필요가 없다고 생각할 수도 있다. 그러나 교사는 학생이 무엇을 어떻게 배울 수 있을지, 어떤 자료가 필요할지, 어떤 활동을 할 수 있을지, 어떤 학생이 어떤 활동에 어떻게 반응할지를 끊임없이 생각하고 계획해야 한다.

교사가 어떤 선택을 할 때는 그 선택에 따른 이유가 분명히 있다. 재미있을 것 같아서 어떤 책을 선택하고, 학생이 더 잘 참여할 수 있을 것 같아서 어떤 활동을 선택한다. 모둠을 이런 식으로 편성하는 것은 다른 방법보다 적절해서다. 교실을 더 흥미롭게 하려고, 더 효율적으로 운영하고, 더 공평하게 만들려고 등의 이유다. 어떤 것이든 교사가 교실에서 무엇을 하기로 선택할 때는 그런 선택을 하는 이유가 있다.

만약 교사가 민주적인 방식으로 가르치기로 선택하면 어떻게 될까? 제1장에서 설명한 철학은 시작일 뿐이다. 수업 종이 울리면 무엇을 해야 하는가? 교사가 민주적인 방식으로 가르치고자 할 때 교실에서 실제로 무엇을 해야 할까? 이것은 매우 중요한 질문이다. 왜냐하면 교사는 철학적인 논의를 하지 않을 수도 있지만 일단 교실에 들어서면, 이 질문을 피할 수가 없다. 바로 이 순간에 교사가 의도한 민주주의가 끼익 소리를 내며 멈출 수도 있다.

이 장에서는 어떻게 하면 교실에서 민주적으로 생활할 수 있을지 몇 가지 가능성을 검토하였다. 이 장이 추구하는 목적은 완전한 방법이나 절차를 안내하려는 것이 아니라 우리가 할 수 있는 방법을 상상해 보는 데 있다. 교실에서 민주적으로 생활하는 방법이 유일하지는 않다. 지역 환경, 교사 신념, 학생의 이전 경험과 같은 요소를 고려해야 한다. 우리는 여기서 개별 교실 상황과 민주적인 방식 사이에 있는 연관성을 알아보기 위해서 우리가 할 수 있는 여러 가지 아이디어와 사례를 살펴볼 것이다.

민주적인 방식을 취하겠다고 결심하기

민주주의에서 인간 존엄의 원칙은 "사람은 자신에게 영향을 미치는 결정에 대해 발언권을 가지고 있고 어떤 발언이든 중요하다"는 것을 의미한다. 따라서 민주적인 교실에서

> 자유를 가르치는 내용에 민주주의 원리(인간 존재의 가치와 존엄성, 정치적 의사결정에 참여할 수 있는 권리 등)에 대한 이해를 반드시 포함해야 한다.
>
> Gertrude Noar(1963).

는 기본적으로 무엇을 어떻게 결정할 것인가 하는 문제에 학생이 참여한다(Boomer et al., 1992).

민주주의 공동체는 대부분 쟁점이나 해결 방법에 대해 신중하게 심사숙고하며 함께 결정하는 숙의 이미지다. 숙의하는 고무적인 이미지는 의제가 열려 있다는 의미인데, 교실에서 열린 의제가 항상 적절한 것은 아니다. 아마도 이런 이유로 왜 그렇게 많은 교사가 민주적인 교실을 가질 수 없다고 말하는지를 짐작할 수 있을 것이다. 교사가 의제를 열어 놓기에는 교실에 너무나 많은 외부 요구가 있다고 생각할 수 있다. 혹은 학생이 결정해야 하는 주제나 과정에 대해 충분히 알고 있지 못하다고도 생각할 수 있다. 심지어 어떤 교사는 자신이 생각하는 이상적인 교실 모습을 구현하는 것이 불가능하다고 생각하기도 한다.

대부분의 교사가 완전히 열려 있는 의제를 힘들어하는 것도 사실이다. 교사는 주 정부에서 제시하는 기준과 평가 압력, 지역의 교육과정 위원회에서 제시하는 과목, 과정, 내용, 자료를 가르치기에

도 바쁘다. 그리고 교육과정을 유연하게 실행하는 교사는 교실에서 이미 몇 년 동안 사용하면서 다듬어 온 자신만의 주제들을 가지고 있다. 교사는 이런 경우에 학생을 교육과정 계획에 어떻게 참여시켜야 하는지 상상하기 힘들어한다.

아무리 이상적이라고 해도 우리는 학생과 함께 의사결정하기 어려운 현실적인 이유가 있다. 그래서 현실적인 여건이나 이상적인 것에서 시작하기보다 교실에서 교육과정을 정하는 일부터 시작할 수 있을 것이다. 바로 교실교육과정을 조직하는 주제 정하기, 활동 선정하기, 자료 선택하기, 학생이 모둠 활동이나 경험을 평가하는 방식 정하기 등이다. 지금까지는 이런 것들을 주로 교사가 정했다. 민주적인 교실에서 하는 주요 질문 중 하나는 "누가 정하는가?"다. 교사가 정해야 하는가? 학생이 정해야 하는가? 아니면 교사와 학생이 함께 정해야 하는가?

학기 초에 문화라는 주제 단원을 시작한다고 생각해 보자. 학생은 교육과정 위원회에서 미리 정해 놓은 책이나 시를 읽어야 한다. 하지만 교사가 올해 만난 교실 학생에게 "'문화'라고 하면 무엇이 궁금합니까?" 이런 질문을 할 수 있다. 학생이 이 질문을 해결하려면 책에 관해 토론하거나 이 단원을 새로운 주제로 확대할 수도 있다. 또 학교에서 수학을 가르치는 교사가 있다고 생각해 보자. 이미 교사에게는 미리 어떤 내용, 교과서, 학습 과정을 가르치도록 주어져 있을 수도 있다. 그러나 교사가 모둠을 어떻게 편성할지, 평가를 어떻게 할지, 과제는 무엇으로 할지 등과 관련한 문제를 학생과 함께 정할 수 있다. 수학과 관련해서 무엇을 어떻게 해야 할지 학생과 충분히 의논할 수 있을 것이다.

대부분의 교사는 학생과 함께 교
육과정을 정할 수 있도록 구체적인

> 민주사회는 의사결정 과정에 능숙
> 한 시민을 필요로 한다.
> National Association for Core
> Curriculum(1985).

안내를 받기를 원한다. 이를테면 도나 오글Donna Ogle(1986)이 제시
하는 K-W-L을 활용할 수 있다. K-W-L에서는 세 가지 질문을
다루면서 학생과 함께할 수 있도록 안내해 준다. 우리는 무엇을 알
고 있는가what do we know? 우리는 무엇을 알고 싶은가what do we want to
know? 우리는 무엇을 배웠는가 그리고 못 배운 것은 무엇인가what did
we learn and do we still need to learn? K-W-L을 활용하면 학생이 목소리를
내도록 할 뿐만 아니라 학생이 주제를 이해하도록 도와준다. 2~3
학년을 가르치는 교사 제프 매스의 사례를 보자.

주제 단원명　행성

이 단원은 초등 과학과 교육과정에서 제시하는 특정 성취기준을 충족할
뿐만 아니라 교실을 학습 공동체로 탐구하는 과정도 포함하였다. 이러한 과
정은 교실 공동체를 세우는 데 필수적이다. 각 과정은 다음과 같다.

- 질문하기
- 자료 수집하기
- 발견한 것을 다른 사람에게 설명하기

학기 중에는 여러 가지 복잡한 조사를 수행한다. 교실에서는 개별 독서
프로젝트부터 소그룹 예술 프로젝트, 전체가 참여하는 환경과학 프로젝트
까지 여러 개의 프로젝트를 수행했다. 이 과정에서 학생은 자기 주변 세상

에 대해 자연스럽게 관심을 가졌다. 학생 관심사를 통해 공동체를 형성하려는 의도였다. 학생이 하는 질문을 공식적인 학습으로 만들어 주는 것이 본질적으로 민주주의다. 학생은 자신이 지닌 문화적 · 지적 지식을 모두 학습하는 곳으로 가지고 온다. 이렇게 해서 학생은 학습 공동체에서 주인의식과 권위를 갖는다.

유닛: 행성 주제 단원을 위해서 내가 학생들에게 가장 먼저 한 질문은 "행성에 대해 알고 있는 것은 무엇인가요?"였다. 각자 자신이 알고 있는 것을 목록으로 만들었다. 지구, 달, 태양, 태양계를 구성하고 있는 다른 행성도 등장했다. 행성 목록을 작성한 후에 학생은 모둠으로 모여서 자신이 알고 있는 것을 친구와 공유했다. 학생은 독특하고 흥미로운 사실들을 꺼내 놓으면서 공통점도 찾았다. 이렇게 모둠 활동을 하면서 전체 학습을 위한 정보를 공유했다. 교실 앞쪽에 큰 종이를 걸고, 중요한 사실들을 작성하면서 게시하도록 했다. 행성에 관한 정보를 공유하는 과정에서 나는 이 정보를 바탕으로 질문 예시("이 행성에는 고리가 13개나 있는데, 왜 이 행성에는 없다고 생각합니까?")를 만들었다. 이렇게 한 것은 학생이 질문을 할 수 있도록 하고 연구 방법을 열어 두기 위해서였다.

정보를 공유하고 나서 나는 "행성에 대해 무엇을 배우고 싶니?"라고 물었다. 학생은 다시 개별로 배우고 싶은 것을 작성하고, 친구와 비슷한 점과 다른 점을 찾으며 질문을 공유했다. 최종적으로 우리는 다음과 같은 질문 목록을 작성했다.

무엇을 알아보고 싶나요?
- 이 행성의 온도는 몇 도인가?
- 이 행성에는 행성이 몇 개인가?
- 이 행성의 하루는 얼마나 긴가(자전)?
- 이 행성의 1년은 며칠인가(공전)?
- 이 행성의 모습은 어떻게 생겼는가?

도 한다.

마지막으로, 학생에게 가능한 한 모둠 활동과 주제별 질문에 답할 때 사용할 수 있는 자원을 선정하도록 한다. 이 과정에서 다음 방식 중 하나로 접근한다. 소그룹별로 1~2개의 질문을 다루는 스테이션을 순환하는 방식이 있고 대집단 혹은 두 집단으로 나누어 토론하는 방식이 있다.

이 과정을 거치고 나면 교사는 활동을 조직하고 시간표(일정표)를 작성한다. 교사와 학생은 함께 볼 수 있는 유닛의 주제망을 만든다.

이 사례는 무엇보다도 학생이 교실교육과정을 정하는 데 개입하는 방법이 한 가지가 아님을 보여 준다. '어떻게 학생이 개입할 수 있을까?'를 끊임없이 찾아야 한다. 때에 따라서 학생이 개입하는 것을 제한할 수도, 완전히 열어 놓을 수도 있다. 민주적인 방식으로 가르친다는 것은 학생이 의사결정에 참여한다는 의미다. 비록 교사가 여러 가지 제한점을 느낄 수는 있지만, 이렇게 학생에게 발언권을 주는 방식은 민주적인 방향을 향한 첫걸음이다.

여기서 하나 짚어 둘 것은 학생과 협력해서 계획해 본 많은 교사가 "내가 계획한 것 그대로 하기로 했어."라고 신이 나서 말하는 것을 자주 듣는다는 점이다. 이런 말을 흔히 듣는다. 학생도 사람이다. 학생도 세상에서 살면서 학교에 다닌다. 우리가 학생에게 문화에 대해, 모둠을 조직하는 방법에 대해, 세계에 대해 질문을 하면 우리가 생각하는 것과 비슷한 대답을 할 가능성이 있다. 하지만 학생을 계획에 개입하게 하는 목적은 우리가 생각한 아이디어를 학생이 생각한 아이디어라고 속이려는 것이 아니다. 우리가 계획한 것으로 은밀하게 유도하려는 것도 아니다.

학생을 속이거나 조작하는 것은 민주적인 방식이 아니다. 학생과 계획하는 목적은 학생이 민주적인 방식을 배울 수 있도록 도우려는 것이다. 학생이 생각하는 것과 우리가 생각하는 것이 일치하느냐가 요점이 아니다.

어떤 교사는 학생과 계획하려면 너무 일이 많다고 생각한다. 물론 학생과 함께 공동 계획하는 것은 쉽지 않다. 학생에게 무엇을 하라고 지시하는 것보다 더 복잡할 수 있고 전략도 필요할 것이다. 생각해 보면 교사가 고군분투하는 이유는 교사가 해야 할 일에 관해 교사—학생 간 상호 이해가 없을 때 혹은 교사가 가장 적절한 방식을 취하지 못하기 때문이다. 설상가상으로 교사는 어떤 것이 학생에게 효과가 있을지 동료 교사와 긴 회의를 한다. 왜 교사는 동료와 회의하는 일을 학생과 계획하는 일보다 덜 힘들고 덜 좌절할거라고 생각하는가? 학생과 함께 계획하는 일이 정말 더 어려운가? 그럴 수도 있다. 더 복잡한가? 그럴 수도 있다. 그러나 더 일이 많은가? 장기적으로는 그렇지 않을 것이다. 서로 협력적인 공동체는 서로 적대적인 공동체에 비하면 할 일이 훨씬 적다.

어떤 교사는 학생과 함께 계획하는 일이 불가능하다고 생각한다. 이는 교사가 교실을 완전히 통제해야 한다고 생각하기 때문이다. 대부분의 교사는 학생과 계획하기를 할 준비가 되어 있지 않고, 교실에서 일어나는 일에 책임을 져야 하므로 그렇게 생각할 것이다. 그렇게 생각하는 교사에게 좀 가혹

> 학교에서 의사결정에 참여할 수 있는 학생은 다른 맥락에서도 의사결정이나 민주주의에 더 헌신적이다.
> Alfie Kohn(1996).

　　민주적인 교실에서 수업 내용은 사회적으로 중요한 의미를 지닌 내용을 사용하기도 하지만 일반적으로는 학문(가령 교과)이나 문화를 원천으로 한다. 민주주의에서 "누가 가장 가치 있는 지식을 선정하는가?"라는 질문은 매우 중요하다. 우리는 목소리를 낼 권리와 다양한 목소리를 들을 책임이 있다. 교사와 학생이 전통적인 지식뿐만 아니라 자기 개인적인 지식, 대중문화, 미디어까지 다루어야 한다는 의미다. 나아가서 교사와 학생은 다문화 아이디어나 관점을 추구해야 할 의무가 있다.

　　내가 만난 어떤 교사는 자신이 가르치는 학교가 위치한 지역이 다문화 지역이 아니기 때문에 다문화 자료들을 다룰 필요가 없다고 생각했다. 물론 이 교사는 인종과 문화를 혼동하고 있어서 그 지역에는 백인만 살고 있기에 하나의 문화만 존재한다고 착각했다. 설사 정말로 그렇다고 하더라도 학생을 다문화 관점에 초대하는 것은 교사가 해야 할 의무다. 사실 다문화 관점에 노출이 적을수록 다문화 자원을 접하게 해야 한다. 즉, 학생이 풍부하고 다양한 자료를 접하도록 하는 '다양성'도 민주적인 방식이다. 비판적 분석과 논쟁은 어떤 관점에 손을 들어 주는 것으로 끝날 수 있다. 하지만 민주주의에서는 누구도 지식을 독점하지 않는다. 모든 사람은 다양한 관점을 들을 수 있는 권리와 책임이 있다.

　　나는 이 장에서 사회적 쟁점을 교과 내용에 어떻게 포함할 수 있는지 예를 들면서 시작했다. 그러나 민주적인 방식을 추구하는 많은 교사가 민주적인 방식으로 가르친다

> 따라서 주제를 조사하는 일은 실제를 인식하고 자기를 인식하는 일과 같다.
>
> Paulo Freire(1970).

는 것이 결국은 교과 분과적인 교육과정을 넘어 문제 중심 교육과정을 통해 지식을 통합하는 접근을 한다는 결론에 도달했다(Beane, 1997; Nagel, 1996). 한 과목만 사용해서는 사회적으로 중요한 문제를 이해하기 힘들다는 것을 알아야 한다. 예를 들어, 기아에 대한 통계는 우리에게 기아 문제의 범주를 이해하도록 해 준다. 그러나 기아 문제를 다룰 때는 건강 정보, 예산 분석, 연설, 보고서 작성, 창의적이고 예술적인 전시회 열기 등도 필요하다. 이 점을 이해하고 있기에 대학교수나 학자는 하나의 토픽에 대해 환경 연구, 문화 다양성, 통합 의학으로 접근하는 간 학문적 프로그램 비중을 점점 늘리고 있다. 민주적인 방식으로 가르치기 위해서는 지식을 마치 서로 관련이 없는 것처럼, 그리고 시험을 위해서 암기해야 하는 것처럼 교과별로 분리해서 조직할 수 없다. 또 지식은 특정 학문 형식이나 단일 문화를 원천으로 하지 않는다. 대신에 우리는 지식을 중요한 토픽이나 문제를 해결할 때 사용할 수 있는 것으로 여러 가지 원천을 가진 지식을 통합할 수 있다. 민주적인 방식으로 가르치는 교실에서는 지식을 이런 식으로 다룬다.

교실 민주주의는 이론이 아니다. 샌톤Santone(2003/2004)은 지속 가능성이라는 주제를 어떻게 지역 토지 재개발, 글로벌 자원 문제를 조사하는 문제 중심 프로젝트로 수행했는지 설명한다. 『민주적인 학교Democratic Schools』라는 책은 교사가 학교나 교실에서 민주주의를 어떻게 실천하는지 묘사하고 있다. 교사는 교실과 학교의 교육과정을 구성하기 위한 문제 중심 주제 단원을 실행하고 있었다(Apple & Beane, 1995). 주제 중에는 정의, 도시, 지구상의 변화,

인종차별과 편견 등이 있다(Meier & Schwartz, 1995; Rosenstock & Steinberg, 1995). 많은 교사가 주제 중심 교육과정을 운영하는 것은 사실이며 놀랄 일도 아니다. 차이가 있다면 주제를 어디서 이끌어 내는가다. 어떤 교사는 교과에서 '식민지 시대 생활'과 같은 주제를 선정한다. 어떤 교사는 변화나 주기 등 '과정'을 주제로 정하고, 또 어떤 교사는 공룡이나 발명품 같은 주제를 선정한다. 민주적인 교실에서 교사가 주제를 선정하는 가장 중요한 원천은 사회적으로 중요한 쟁점이다. 라 에스쿠엘라 프래트니 학교La Escuela Fratney/Fratney School(2003/2004)의 교육과정 주제를 보면 주제를 선정하는 특성을 알 수 있다.

주제 I. 우리는 나와 우리가 사는 세계를 존중한다

- 모든 생물에게는 요구하는 것이 있다.
- 나는 중요한 사람이다.
- 우리는 모두 문화유산을 가지고 있다.
- 우리는 평화롭게 살아야 한다.
- TV 보는 것은 건강에 안 좋을 수 있다.

주제 II. 우리는 이중언어를 사용하고 다문화 학습자를 자랑스러워한다

- 다양성은 우리 사회가 지닌 강점이다.
- 이중언어를 구사하는 것은 장점이다.
- 우리는 여러 언어나 방법으로 의사소통한다.
- 우리는 프래트니 학교에서 서로 배우고 가르친다.

- 우리는 다언어, 다문화와 경험을 인정하고 존중한다.

- 우리는 만화, 책, 잡지, 미디어가 고착시키는 고정관념에 대항하는 법을
  배운다.

주제 III. 우리가 사는 지구를 바꿀 수 있다

- 과거가 우리를 있게 했고 우리가 미래를 만든다.

- 흑인은 우리나라에 기여해 왔다.

- 우리는 여성이 기여한 바에 감사한다.

- 모든 나라 사람이 정의와 평등을 위한다.

- 우리는 편견과 인종차별을 극복해야 한다.

주제 IV. 우리가 사는 세계에 관해 이야기한다

- 우리 가족 이야기는 중요하다.

- 우리는 가족이 해 주는 이야기를 통해서 다른 사람들에 관해 배운다.

- 우리는 누구나 이야기꾼이나 배우가 될 수 있다.

다른 원천에서 가져온 주제는 활동을 흥미롭게 하고 여러 가지
기능이나 지식에 필수적인 맥락을 제공할 수 있다. 그러나 그러한
주제는 민주주의 공동체 문제나 관심사를 다루려고, 또 학생이 민
주적인 방식을 배우도록 도와주기 위해 의도한 것은 아니다.

민주적인 방식으로 가르치기

어떤 사람은 민주적으로 생활하는 방식을 마치 계획이나 의사결정을 하기 위해 모이는 것이라고 말한다. 사실 민주적인 교실이라고 부르는 교실에서 계획하기를 처음 해 보는 학생들은 "뭐 할 거예요? 계획만 하는 거예요?"라고 묻는다. 민주주의는 계획이나 의사결정도 하지만 계획하고 의사결정한 것을 수행한다. 민주적으로 생활한다는 것은 정보나 의견을 내고, 상황을 분석하며, 관점을 표현하고, 해결책을 연구하고 권고하며, 직접 행동으로 옮기는 능동적인 활동이기 때문이다. 따라서 민주적인 방식으로 가르치기는 능동적인 교실과 특정한 활동들을 포함한다.

민주주의 사회에서 사람은 중요한 쟁점, 토픽, 문제 등을 알아보기 위해 많은 시간과 에너지를 쓴다. 따라서 우리는 민주적인 교실에서 학생이 쟁점, 토픽, 문제를 찾도록 도와주기 위해 질문한다. 오늘날과 같은 의사소통 시대에는 학교 안팎에 테크놀로지, 개인적인 접촉, 미디어 등 정보처도 많고 여기에 접근할 기회도 많다. 민주적인 방식으로 가르친다는 것은 학생들이 여러 원천에서 서로 다른 관점을 찾고 정보를 비판적으로 소비하도록 돕는 것을 의미한다. 민주적인 교실에서 교사와 학생은 말하는 것뿐만 아니라 누가, 왜, 어떤 권위를 가지고 말하는지(언론부터 교과서에 이르기까지)에도 관심이 있다.

민주적인 교실에서는 정보를 수집하고 비판적으로 분석하는 것뿐만 아니라 다른 사람과 공유하는 방법을 배운다. 이러한 이유로 민주적인 교실에서는 발표, 공연, 정보를 바탕으로 하는 토의와 토론을 중시한다. 예를 들어, 학생이 사는 지역(마을, 도시 등)이 향후 25년 동안 어떤 모습이었으면 좋을지에 대해 생각한다고 가정해 보자. 학생은 공동체 생활에서 중요한 측면(토지 사용, 교통, 사회 복지 및 레크리에이션 등)을 확인한 후 소그룹별로 정보를 수집하고 권고안을 제출한다. 교실에서 작성한 이런 권고안은 작성만으로 그치지 않고 논의를 거쳐 수정 보완하고 투표를 거쳐서 마을이나 당국에 제출한다.

> 서비스 학습 프로젝트는 학교 프로그램으로서 위치를 차지하고 있다. 그뿐만 아니라 거의 모든 측면에서 시작할 수 있다.
> Richard Lipka(1997).

공공 이익에 관한 관심이 민주주의 생활에서 주요한 특징이기 때문에 민주적인 교실에서는 다양한 사회봉사, 특히 서비스 학습을 자주 볼 수 있다. 미국 서비스 학습 정보 센터The National Service Learning Clearinghouse 웹사이트에 따르면 서비스 학습을 "서비스 목표와 학습 목표를 결합하여 서비스 제공자와 수신자 모두를 변화시키는 활동이다. 이는 학습에 서비스를 결합한 것으로, 자기성찰, 자기발견을 가치, 기능, 지식 내용 습득으로 연결하는 식이다."라고 설명한다.

민주적인 교실에서는 학기 중 짧게 수행하는 자선 활동이나 친절에 관한 가치를 이해하며, 학생이 더 큰 프로젝트에 참여할 방법을 찾는다.

학생은 이타심을 경험할 뿐만 아니라 문제를 다루는 방법을 배울 수 있다. 앞에서 두 가지 예를 제시했는데, 하나는 저학년 학생이 수행한 재활용 프로젝트였고, 다른 하나는 고학년 학생이 소프트웨어를 사용해서 식료품 가게 폐장 효과를 다룬 주제였다. 해마다 학교 운동장 설계, 건강에 대한 캠페인 등 지역사회 구성원을 대상으로 하는 설문 조사 등 수백 개가 넘는 프로그램이 쏟아져 나오고 있다. 이렇게 사례는 부족하지 않지만, 교사와 대중 모두 이러한 프로젝트를 단순히 자선 활동으로서가 아니라 민주주의를 배우는 것으로 인식할 필요가 있다.

학습 흥미나 참여(혹은 직접 활동)를 더 높이려는 교실에서 다양한 프로젝트 활동을 하는 것을 자주 볼 수 있다. 이러한 방식을 취할 때 성과가 있는지, 내용은 충분히 습득하는지, 너무 소란하지는 않은지 등에 대

> 민주주의는, 첫째, 인간으로서 가치 인식, 둘째, 타인과 소통하는 능력, 셋째, 문제에 직면하여 해결하는 능력, 넷째, 자기 방향성과 타인과 협력하는 능력이다. 이 네 가지를 통해 다섯 번째 가치인 민주주의 의미를 이해할 수 있다.
> Rosalind Zapf(1959).

한 논쟁도 있다. 때로는 학생에게 학교나 지역사회 문제를 해결하도록 유도하기 때문에 비판을 받기도 한다. 그리고 "우리가 끌 수 없는 불을 지피지 말라."라는 행정 훈계를 받기도 한다. 그러나 교육자들이 민주적으로 가르치려고 노력하는 공간에 이러한 비판은 방향이 잘못되었다. 민주적인 방식을 취할 때 학업 성취가 더 높을 수 있다는 점은 차치하더라도(Marks, Newmann, & Gamoran, 1996; Newmann & Associates, 1996; Thomas, 2000 참조) 관련 활동이 필요한 이유는 이렇게 해야 학생이 총명하게 참여하고, 설레며, 재미있어할 뿐만 아니라, 이것이 학생이 민주주의 공동체에서 생활(일, 활동)하는 방식이기 때문이다.

민주적인 교실에서 볼 수 있는 중요한 방식 중 하나로 프로젝트나 활동을 학생과 같이하는 방식이 있다. 이 방식은 매우 중요하기도 하고 논쟁적이기에 여기서 언급할 필요가 있다. 오늘날 이런 접근방식을 무엇이라고 불러야 할지 모르겠다. 한편으로, 이 용어가 사회적이기보다는 교과와 더 밀접하므로 다소 유행이 지났지만 본래 이름인 협동 학습cooperative learning이라고 부를 수도 있겠다. 협동 학습을 엄밀하게 구분하는 사람들은 협동 학습에 개인주의나 자유 경쟁을 포함하지 않는다는 점에서 사회적·정치적인 이유로 교사는 협동 학습 대신 협력 학습collaborative learning이라는 용어를 사용한다. 협동 학습이든 협력 학습이든 민주주의를 지향하는 공동체(교실)에서는 학생과 함께 활동하지 않는 곳을 찾기 힘들다. 협동이나 협력은 민주적인 생활의 상징이다.

역설적이지만 이러한 집단 활동은 다른 학생을 '이끌어야' 하는 '영재' 학생에게 손해라는 비판을 받아 평판이 썩 좋지는 않다. 이 점은 우리 학교교육이 민주주의 관점에서 얼마나 동떨어져 있는지를 시사한다. 학교교육이 학생에게 개인 이익을 위해 자유 경쟁하는 방식을 가르치는 데 목적을 둔다면 이 비판도 분명 일리가 있다. 그러나 우리는 통상적으로 문서에서 볼 수 있는 학업(Johnson et al., 1991 참조)뿐만 아니라 민주적인 방식을 배우고 생활하도록 하는 데 학교교육의 목적을 두고 있다. 그러므로 제 몫을 다하지 않는 사람들과 만나며 함께 일해야 한다는 딜레마는 협력 집단을 피해야 하는 이유보다 오히려 더 사용해야 할 이유가 된다. 그러한 비판에 대응하려면 성취에 관한 논쟁보다는 민주주의 사회에서 학교

성을 기를 기회를 가질 때, 배우는 것을 즐기고, 교실 안팎에서 만나는 난관 들을 극복할 수 있다.

시카고Chicago 외곽의 북쪽 지역Near North Side은 미국에서도 가장 주택난이 심 각한 지역이다. 마약과 갱단으로도 유명하고 사회적 지원 프로그램이나 저 소득층을 돕기 위한 사회 운동Great Society Initiatives이 있었지만 모두 실패했다. 카브리니 그린Cabrini Green은 1940년대 초 다양한 저소득층 주민을 위해 지은 임시 주택이다. 시간이 지나자 여러 가지 이유로 임시 주택 개념은 사라지고 인구 밀도가 높은 빨간색과 흰색 연립 건물이나 연립 주택이 되었다. 건물은 관리가 제대로 안 돼서 눈에 거슬렸고 도시 역병과 잘못된 공영 주택을 대표 하는 상징이 되었다. 지금은 거주자 99%가 아프리카계 미국인 가족이며, 당 국이 이곳에 더 이상 사람이 거주할 수 없다고 선언할 정도로 낡았다.

시카고 주택 담당 부서에서는 이 지역을 재개발하여 다양한 소득 계층 가 정이 입주할 수 있도록 하고 가난한 흑인 어린이와 그 가족이 살도록 하려고 했다. 이 재개발 계획이 가진 문제는 당국이 현재 거주하고 있는 가정을 위 해 세운 것이 아니라는 점이다. 이 지역은 부유한 골드코스트God Coast와 인접 해 있는 곳이고, 그곳에 사는 아프리카계 미국인을 이 지역으로 내몰고 있다 는 것이다.

시카고 빈민촌 카브리니 그린에 대해 내가 읽은 거의 모든 기사는 이 지역 을 마약, 살인, 갱단의 폭력, 불법 소동의 천국으로 묘사하고 있었다. 우리 학 생 활동을 칭찬하는 기사를 쓴 기자조차 "카브리니 그린은 실패다. 이런 실패 는 집집으로 전염되고 있다."라고 썼다(Brady, 2004). 이런 묘사가 대부분은 사실이지만 아이들 이야기는 거의 없다. 이 지역에 사는 아이들은 여러 가지 보살핌이 필요하다. 이 지역 아이도 다른 지역 아이들이 받는 교육이 필요하며 더 나은 교육이나 양육, 헌신이 필요하다. 이 지역 아이도 지적 능력이 있으며 창의성을 지닌 유능한 시민이자 철학자다. 다르넬은 이 점에 대해 "우리가 사는 이 지역이 문제는 있지만 나는 우리 이웃이 자랑스러워요. 그래서 우리가 더 나은 학교를 만들어 달라고 싸우는 거예요. 우리는 모든 사람이 좋은 집과 좋은 학교를 가져야 한다고 생각해요. 그렇지 않나요?"라고 말했다.

카브리니 그린은 빈민가이기 때문에 학생은 사회적 제약과 악조건에 대한 질문을 계속하면서 '무엇이 알아야 할 만한 가치 있는 것인가?'라는 문제를 다루었다. 이러한 지역에서 학생이 배우는 방법을 이해하는 일은 필수적이다. 왜냐하면 학생은 이 지역에서 실용적이고 실제적인 방식으로 계속 적응하며 살아야 하기 때문이다. 우리가 교실에서 이 문제를 다루기 전에 학생은 학교 밖에서 배운 능력을 장점으로 생각하지 않았다. 거리 생활에 적응하는 능력을 평가절하했다. 이 프로젝트를 하는 동안에도 학생은 거리에서 '똑똑하게 구는 방법이나 살아남는 법'을 배워야만 했다. 이전에는 학교에서 학생이 교실 밖 거리에서 배운(성취한) 것을 거의 인정하지 않았다. 교육이 학생 자신과 이웃 생활에 대한 경험을 평가한다면 이 지역에 사는 많은 학생은 부유한 지역에 사는 또래들을 능가할 것이다. 나는 학교에서 학생이 배운 적응력과 거리에서의 생활 감각을 십분 활용할 수 있는 방안을 생각했다. '전통적인' 교실에서도 학생 관심사에 초점을 맞춘 이런 통합교육과정이 성공할 수 있을까?

문서 작성하기

우리는 사진을 찍고 문제를 설명하는 글을 작성하는 등 학교 문제에 대한 문서를 만들기 시작했다. 학생들이 작성한 내용은 놀라웠다. 나는 학생들이 보여 준 정교한 글쓰기 수준을 믿을 수 없었다. 초안을 어떻게 이렇게 구성할 수 있었냐고 물었을 때, 타이런은 "이 내용은 정말 중요해요. 내가 무언가를 하려면 말을 해야 해요."라고 대답했다. 이 초안 작성을 시작으로 해서 다음 활동은 소문을 퍼뜨리는 것이었다.

　학생들은 초안이 좀 더 설득력 있어야 한다는 것을 금방 깨달았고 각자 쓴 글을 편집해서 교육 위원회와 시 공무원에게 보낼 편지로 작성했다. 우리는 우리가 '고칠 수 없는' 학교 '문제'에 대한 편지를 썼다. "우리는 여러분이 우리 학교를 직접 볼 수 있도록 초대하고 싶습니다. 우리는 여러분이 이렇게 무너져 가는 학교에 여러분의 자녀가 다니도록 내버려둘 것이라고는 생각하지 않습니다." 이 도발적인 초대와 함께 곧바로 우리가 잊지 못할 도전적인 무대가 펼쳐졌다.

　바로 반응이 왔다. 전화 문의, 편지, 이메일, 의원들의 학교 방문, 신문, TV 기자들이 학교를 연이어 방문했다. 그들은 학생이 수행하는 이 프로젝트에 대해 질문하고 격려도 하고 제안도 했다. 학생은 교실 밖으로 도움을 청하면서 실제로 교육과정에 빠르게 몰입했다. 교실에서 관심을 둔 사항을 알리면 교실 밖에서 많은 사람이 이를 통찰하고, 도와주고, 기부하고, 필요한 홍보를 해 주었다. 학생은 이렇게 외부 도움을 받아서 문제를 "온전히 해결하는 방안, 즉 학교를 새롭게 할 것"이라고 믿었다. 학생은 포괄적인 실천 계획을 세웠다.

　학생이 세운 실천 계획은 그해 학기 중 주요 교육과정이 되었다. 모든 교과를 넘나들며, '평등하게' 새 학교를 만드는 이 문제를 해결하는 데 집중하였다. 자연스럽게 읽기, 쓰기, 산수, 사회 교과를 통합했다. 학생은 교과 기초 내용을 익히기보다 이 문제를 해결하기 위한 정보를 조사했다. 학생은 자료 검색을 하면서 읽기 수준을 넘어서는 텍스트들을 다루었다. 상황이 학생에게 가치가 있었기 때문에 학생은 기꺼이 노력했다. 조너선 코졸Jonathan Kozol의 『야만적 불평등Savage Inequalities』을 읽으면서 체스터는 "이 책은 우리 이야기 같아요. 이 작가는 버드 학교Byrd school에 와 본 것 같아."라고 말했다. 체스터가 한 이 말은 샤키타와 마키스가 문서로 작성한 내용과 마찬가지로 사실과 별반 다르지 않았다. 샤워실 바닥은 구멍이 나고, 세면대에 벌레가 있고, 여기저기 물이 새고, 비누나 종이 타월도 없었다. 학생들이 사용하는 화장실은 너무 더럽고 낡았다.

　학생들이 쓴 신문 기사를 읽으면서 읽기는 시사 문제로 이어졌다. 또 학생들은 '조사하는 글, 청원하는 글을 쓰는 방법'도 배웠다. 학생들은 설문 조사 결과, 사진 설명, 서면 평가 결과를 가지고 문서를 작성하는 방법을 배웠다. 외부의 지원을 받기 위해서 데이터 분석 등을 배워야 했고, 이에 학생들은 수학을 프로젝트에 추가했다. 이렇게 작성한 문서를 대중에게 공개하고, 대니샤는 "누구든 이것을 본다면 우리가 말하는 학교 문제에 동의할걸요."라고 말했다. 텍스트를 이해하려는 학생이 보여 준 의지와 열정은 내 예상을 뛰어넘었다. 학생은 '더 많은 사람이 참여하고 이해하게 해야 한다'고 생각했고, 웹사이트www.projectcitizen405.com를 개발해서 '모든 텍스트'를 조직했다. 모든 방문자(정치인, 연구원 등)의 사진과 글, 수백 장의 편지와 이메일, 일지, 청원서, 차트, 그래프, 설문 조사 결과 등을 탑재하려니 쉬운 작업은 아니었다.

　교실(405호)은 '어떤 사람을 더 참여시킬지에 대한 중요한 의사결정을 하는 본부', '더 많은 사람을 참여시킬 방안을 찾는 싱크탱크'가 되었다. 교실은 캠페인 사무실로 바뀌었다. 학생이 리더 역할을 했다. 카말라는 저널을 통해

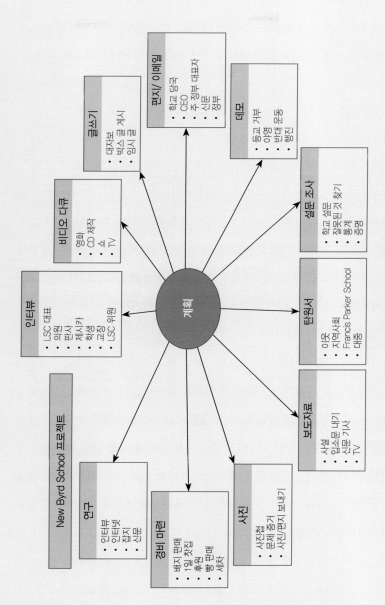

편지/이메일
· 학교 당국
· CEO
· 주 정부 대표자
· 신문
· 정부

데모
· 등교 거부
· 야영
· 반대 운동
· 행진

글쓰기
· 대자보
· 박스 글·게시
· 임시 글

설문 조사
· 학교 설문
· 잘못된 것 찾기
· 통계
· 증언

비디오 다큐
· 영화
· CD 제작
· 쇼
· TV

인터뷰
· LSC 대표
· 의원
· 판사
· 재사카
· 학생
· 교장
· LSC 위원

계획

탄원서
· 이웃
· 지역사회
· Francis Parker School
· 대중

보도자료
· 사설
· 입소문 내기
· 신문 기사
· TV

연구
· 인터뷰
· 인터넷
· 잡지
· 신문

경비 마련
· 배지 판매
· 1일 찻집
· 후원
· 빵 판매
· 세차

사진
· 사진첩
· 문제 증거
· 사진/편지 보내기

New Byrd School 프로젝트

[그림 2-5] New Byrd School 프로젝트

서 다음과 같이 말했다. "이전 학교에서는 이런 일이 일어난 적이 없었어요."
열성적인 학생은 교육과정 개발에 너무 몰두하여 종종 일찍 등교해서 늦게
하교했다. 심지어 "하던 일을 마저 끝내기 위해" 쉬는 날에도 학교에 왔다.

"응답을 듣다"

학생이 보여 준 주도성과 끈기가 결실을 보았다. '시 교육청과 시청'이 즉
각 응답하지 않아서 다소 실망하고 좌절하기는 했지만, 여러 사람이 학생들
의 외침을 듣고 응답했다. 지역 의원이 학교를 방문하고, 의회에서 로비했다.
대학교수는 학생들이 수행하는 프로젝트를 연구하고 싶다고 문의하고 사례
연구를 제안했다. 랄프 네이더와 같은 시민도 학생들이 하는 일에 박수를 보
내며 상장을 수여했다. 그러나 시카고 공립학교 관계자는 "버드 학교 학생이
할 수 있는 일이 아닙니다. …… 우리도 수많은 민원을 받았습니다."라고만
말했다. 내가 뒤에서 학생을 조종한다는 오해도 받았지만, 실제로 학생들이
스스로 문제를 해결하기 위해서 투쟁했다. 여러 사람은 '이 도시에 있는 흑인
아이들'이 이런 놀라운 일을 할 수 있다는 것을 믿기 어려워하면서도 자주 언
급했다. 크라운이 "우리가 드디어 좋은 일로 뉴스에 나왔어요."라고 말한 것
처럼 이러한 인식은 정말 중요했다. 학생은 스스로 자신이 하는 일을 믿게 되
었고 자기 능력을 이해하기 시작했다. 학생은 프로젝트를 수행한다고 해서
자신이 원하는 것을 얻지 못할 수도 있다는 것을 깨달았지만, "사람들이 우리
말을 들어 주고 동의해 주는 그 과정이 가장 좋았어요."라며 만족했다.

학생이 보여 준 노력은 결실을 보았다. 다양한 능력과 적성을 지닌 학생이
교실에서 자신의 속도에 맞춰서 활동하고, 다양한 역할을 수행하여 계획한

일에 가장 큰 영향을 미쳤다. 학생은 동료에게 한계나 영향을 받지 않고 오히려 편안하게 함께할 수 있다는 것을 경험할 기회였다. 이 프로젝트 전에는 많은 학생이 수업에 제대로 참여하지 않았고, 숙제를 자주 해 오지 않았으며, 자주 결석했다. 자신이 하는 학습을 가치 있게 여기는 학생이 거의 없었다.

이 프로젝트를 여러 달 동안 수행했고, 대부분의 학생은 표준 시험 준비를 할 공부 시간을 할애하지 않았는데도 불구하고 점수가 이전보다 높았다. 생활지도 문제가 사라졌고, 출석률을 98%로 향상하였다. 물론 당국에서 공식적으로 통보받은 것은 아니지만 학생 학업 성취와 생활지도 문제 일부를 해소하였다. 학교에서 지난 몇 년 동안 시설 수리를 요청해 왔던 항목에 대해 갑자기 관심이 증가했다. 조명을 교체하고, 문을 수리하며, 심지어 화장실에 비누도 비치했다!

그러나 "일시적인 반응에 만족하지는 말자."라고 레지가 말했듯이 학생들은 계속 투쟁을 확대해 갔다. 지지 편지가 계속 왔고 연방 교육부와 공동으로 사례를 기록하고, 일리노이Illinois주 교육 위원회는 학생들을 스프링필드Springfield로 초대했다. 시민 교육 센터에서는 학생에게 전국 시민 프로젝트 대회에 참석하도록 주선했다. 학생들은 권리 재단과 노스웨스턴 대학교 Northwestern University에서 수여하는 상 등 수많은 상을 수상하였고 학생이 수행한 프로젝트는 '올해의 프로젝트'로 지정되었다. 여러 사람이 이 학생들을 '학생 전사'라고 부르면서, '1960년대 민권운동가'와 비교했다. 학생들은 "우리를 잘 알지 못하는 사람들도 우리를 돕는다."라면서 주변 반응에 힘을 얻었다.

이제 학생들은 지성, 영감, 관심, 상상력을 활성화했고 확실하게 학습을 주도했다. 수업을 계획하고, 활동을 조정할 때 나에게 의존하는 대신에 문제를 해결하는 데 가장 중요한 것이 무엇인지 책임감을 느끼고 찾아냈다. 학생들은 자신에게 가장 가치 있는 지식을 발견하고 있었고 그런 지식은 학생 안에서 나왔다. 암기나 암기식 학습을 하는 대신에 실제로 당면하는 문제 해결에 필요한 것을 배웠다. 이 과정에서 학생들은 자연스럽게 성취기준도 이수했다. 학생들은 진술한 문제를 해결할 수 있도록 계획을 했다. 학생마다 계획 일부를 구현하기 위해서 다양한 역할을 스스로 선택하여 노력했다. 반응은 점점 대중적이었다. 학생들은 필요한 것을 습득하고 성장하면서 학생에게 자연히 기대하는 기준과 목표도 충족했다. 사실 학생들은 사전에 설정한 성취기준을 뛰어넘었다. 왜냐하면 학생들은 프로젝트에 도움이 되는 기능을 배우고 싶어서 적극적으로 배웠기 때문이다.

되돌아보며

나는 기득권층을 중심으로 한 교육과정이 학생들에게 영향을 미치는 잠재적 교육과정에 좌절감을 느끼면서 학생에게 학습 동기를 부여하고 학습에 참여시키는 동시에 학교교육도 진보하는 방안을 찾고 있었다.

나는 사회경제적 계층에 따라 서로 다른 수업을 한다는 개념에 도전하며 교수학습에 있어 형평성을 추구할 필요가 있다는 생각이 강했다. 처음에 가장 궁금했던 질문은 다음과 같았다(Schubert, 1986, p. 1). "가장 가치 있는 지식은 무엇인가? 가치가 있는 이유는 무엇인가? 학생은 지식을 어떻게 습득하고 형성하는가?" 미국에서 가장 열악한 지역 중 하나인 버드 지역에 있는 교실(405호)에서 우리는 우리 자신을 실험하기로 했다. 학생이 정해 놓은 규칙을 지키고 평소처럼 정답 맞히기식으로 공부하는 것보다 부유한 학교 학생들처럼 문제를 제기하고, 도전하고, 숙고할 수 있으면 어떨까? 실험이 재앙이 될까, 학생을 희생양으로 만드는 것은 아닐까, 아니면 이 교육과정이 성공할까? 교실에서 교사와 학생이 권위를 공유하고, 실용적이고 협력적인 탐구를 할 수 있을까? 우리는 교육과정에서 요구하는 것도 충족시키면서도 학생이 관심을 가지고 주도할 수 있을까? 규칙도 지키면서 창의적인 것을 주장할 수 있을까? 교육과정을 통해서 현상에 도전할 수 있을까? 한 여학생이 "누가 카브리니 그린의 흑인 아이 말을 듣겠어?"라고 물었을 때, 대답할 방법은 딱 하나였다.

이 질문을 다루는 민주적 교육과정과 시민 워크숍 프로젝트(시민 교육 센터)를 참조해서, 학생은 "사회 변화를 위해"(Cobb, 1991) 정부가 일하는 방식과 적극적인 주체가 되는 방법을 경험하며 배우기 시작했다. 지금 와서 돌이켜 보니 샤넬이 교실에서 몇 명의 학생과 나눈 대화가 생각나는데, 그때 우리가 교실에서 한 일을 '정부가 일하는 방식을 배우는 길'로 요약한 기억이 난다. 교육과정은 의미 있는 문제를 포함함으로써 진정성 있고 자연스러운 통합 학습을 매개하는 촉매제가 되었다.

이 프로젝트를 통해 학생은 자신이 할 학습을 개발(설계)하는 데 적극적으로 책임을 질 기회를 얻었다. 이 수업을 하기 전에는 늘 무단결석을 했었던 태번은 다음과 같이 말했다.

"이제까지 학교가 나를 위한 장소라고 느껴 본 적이 없어요. 한 번도 학교가 내 인생에 도움을 줄 것으로 생각한 적이 없었는데, 이 프로젝트 때문에 학교 오는 게 좋아졌어요. 학교는 이제 내가 이전에 다녔던 지루한 학교가 아니에요." 태번이 학교 공부나 학교에 출석하는 것에 대해 생각을 바꾼 것은 교실에서 중요한 구성원으로서 자기가 가치 있다고 생각하는 것에서 시작했다. 즉, 민주적인 교실은 변화하는 힘을 지니고 있다.

　　교사로서 나는 목표와 내용을 교사가 아니라 학생이 준비할 수도 있다는 것을 배웠다. 부유한 학교 학생들이 통찰력과 창의성을 기르는 질 좋은 교육을 받는 것처럼, 이제 이 지역 아프리카계 미국인 학생에게서도 어떤 목적을 위한 실천과 의사결정에 대한 목소리를 들을 수 있게 되었다. 그리고 이 특별한 경험을 하면서 학생은 더는 침묵하지 않았다.

　　교실에서 진정으로 교육과정 문제를 해결하고 민주적인 교실을 만들려는 시도는 확실히 위험을 수반한다. 학생은 교사가 정교하게 계획한 수업 안에서 보호받을 수 없고 여러 사람과 학생, 그중에서도 특히 도심의 아프리카계 미국인 학생이 자신의 실제 문제를 해결할 수 있을지에 대해 의문을 제기

[그림 2-6] 브라이언 슐츠 교사와 405호 시민 프로젝트에 참여한 학생과 함께

할 것이다. 학교교육을 적극 지원하는 교장조차도 처음에는 이 프로젝트에서 교훈을 배울 수 있을지 의심했다. 교장은 한 라디오 인터뷰에서 "학생들이 앞으로 일어날 일을 모르는데 자신이 원하는 것을 말할 수 있을지 걱정이다. 학생들의 목소리는 작고 사소한 것들이 많다."라고 말했다. 그러나 지금은 교장을 비롯한 모든 사람이 이 프로젝트에서 얻은 교훈이 헤아릴 수 없을 만큼 크다고 말한다. 타미카는 간결하게 자기 아이디어를 이렇게 요약했다. "우리는 새 학교를 짓고 싶었는데, 이 과정에서 옳은 것을 위해 싸울 때 위대한 일이 일어난다는 것을 알 수 있었어요. 우리는 새 학교를 얻지 못했지만, 위대한 일을 했어요. 우리를 응원한 편지 중 한 편지에서 말했듯이 '이 길을 따라서 경이로운 일들이 일어납니다!'"

1년이 지난 지금 이 글을 쓰는 동안에도 나는 여전히 당시 학생들과 연락을 하고 있다. 내가 학생과 함께 개발한 교육과정은 우리 모두에게 계속 영향을 미쳤다. 우리 이야기를 할 기회는 계속 있었다. 나도 학생들도 이 이야기가 어떤 식으로 들리는지에 대해 계속 대화하고 피드백해야 한다고 생각했다. 나는 타이원이라는 학생과 같이 지금 쓰는 이 이야기 내용을 훑어보았는데, "백인 중산층 교사인 내가 너희 이야기를 책으로 써도 괜찮을까?"라고 물었다. 타이원은 내 눈을 똑바로 쳐다보며 말했다. "제 생각에 선생님은 흑인에 대해 나쁘게 이야기하지 않고, 흑인을 나쁘게 보지 않기 때문에 말할 자격이 있어요. …… 선생님은 흑인 편에 서서 흑인이 느끼는 것을 느끼기 때문이에요."

이 글은 버드 커뮤니티 아카데미Byrd Community Academy 졸업생들, 특히 타이원 이스터, 마누엘 프래트, 라마리우스 브루어의 도움을 받아 작성하였다.

제**3**장
민주적인 방식으로 생활하기

우리 가족은 큰아들이 5학년이 되기 전날, 아들이 생활할 새 교실이 어떻게 생겼는지 보러 학교에 갔다. 5학년 선생님을 만나러 가면서 나는 교실을 상상하여 잘 정리한 모둠 책상과 형형색색으로 꾸며진 환영하는 분위기일 것으로 생각했다. 그러나 실제 교실은 마치 사람이 살지 않는 곳 같아 보여서 놀랐다. 벽지는 벗겨져 있었고 책상은 무질서하며 선반은 텅 비어 있었다. 내가 설명을 좀 해 달라고 묻자, 선생님은 이렇게 대답했다. "이 교실은 새로운 학생 것입니다. 내 것이 아니므로 내일 모두가 교실에 모였을 때 우리 교실이 어떻게 보이면 좋을지 결정할 것입니다." 나는 대체 무슨 생각을 했던 것일까?

다른 사람과 함께하고, 살며, 배우고, 더 나은 생활을 선택해 가는 것이 민주주의 핵심이다. 다른 사회와 마찬가지로 민주주의 공동체에도 규범이 있고, 사람이 관계를 맺고, 같이 일을 처리하며 살

아간다. 이렇게 시간이 지나면서 공동체는 민주주의 문화를 형성
한다. 민주적인 교실은 어떻게 보일까? 사람은 어떻게 어울려 사는
가? 사람은 서로에게 무엇을 기대하는가? 결정을 어떻게 하는가?
교사의 역할은 무엇인가? 무엇이 교실을 더 민주적으로 만드는가?

> 민주주의는 정치하는 방식 이상이
> 다. 무엇보다 민주주의는 연대해서
> 생활하는 양식이다.
> John Dewey(1916).

민주주의가 자유와 참여를 중시
하는 점을 생각하면 학교는 민주적
인 방식을 말하기가 어색할 수도 있
다. 학교는 자발적이라기보다는 강제로 출석해야 하고 교직원도
학생이 선출하기보다 임명된다. 학생(그리고 교사)을 위한 목표는
주로 학교 밖에서 결정한다. 그리고 민주주의 사회에서 학교교육
은 상당히 논쟁적이다. 첫째, 사회적 기반을 형성하기 위해서는 어
느 정도 공통교육이 필요하다. 둘째, 학교가 아니면 사회·경제적
지위가 낮은 계층에 있는 학생이 사회·경제적 계층을 이동할 기
회를 제공하는 곳은 거의 없다. 분명 가끔은 학교 건물을 뒤집어
버려서 그 안에 있는 여러 사람을 다 쫓아내 버리고 싶은 유혹을
느끼면서도 학교는 분명히 안정적으로 준비된 전문가를 배출하는
기능도 한다. 셋째, 연방, 주, 지역 당국에서 설정한 학교교육 목표
는 종종 방향이 잘못되기도 한다. 이 때문에 사회는 학교교육 목표
설정에 개입한다. 학생이 민주적인 방식으로 살 수 있도록 돕는 것
이 학교에서 가장 중요하다. 비록 시대에 뒤떨어지는 것 같더라도
말이다.

법이나 사회적 명령을 차치하더라도 학교에는 여전히 민주주의
와 모순하고 있는 정책과 절차가 많다. 학교교육 목표를 학생이 민

주 시민으로서 권리를 배우고 독립성을 키우고 비판적으로 생각하는 능력을 키우는 데 둔다고 하더라도 학교에서 생활하는 현실은 민주적인 방식과는 꽤 거리가 있다. 점점 교사와 학생이 만나기도 전에 학교교육과정을 개발하면서 교과나 교과서에서 제시하는 지식이 교실 현실과 동떨어져 가고 있다. 교실에서 무엇을 결정할 때도 여전히 학생의 목소리를 거의 반영하지 않고 전적으로 교사가 정한다. 교칙, 일정, 모둠 편성 등에 학생이 개입하지 않는다. 그리고 교사나 시험을 통해서 학생이 생활하는 모습을 평가하고 이러한 평가에도 학생을 거의 배제한다.

민주주의라는 말도 마찬가지지만(제1장 참조), 나는 이런 정책이나 절차를 뭐라고 불러야 할지 고민이다. '비민주적인'이라고 부르는 것은 조금은 가혹해 보인다. 게다가 이런 정책이나 절차도 이질집단 구성 등을 권고하는데, 이런 것들은 민주주의의 요소이기도 하다. 통상적으로 부르듯이 이를 '전통적인traditional' 학교라고 부르는 것도 이상하다. 왜냐하면 학교에서 민주적인 방식으로 가르치는 전통은 오래전부터 있었기 때문이다. 따라서 이런 정책이나 절차를 그냥 학교가 '통상적으로 일하는 방식the usual way of doing things'이나 '일반적인 방식'이라고 언급하는 것이 적절한 것 같다. 결국 어떤 정책이나 절차도 오랫동안 해 온 지배적인 방식이며, 아주 많은 학교에서 많은 교사가 학교에서 통상적으로 일하는 방식이라고 보아야 할 것이다.

이 '통상적인 방식the usual way'은 우리가 사는 사회에 전형으로 뿌리박혀 있다. 이를테면 텔레비전과 영화에 등장하는 인물이나 상황을 보면 권위적인 교사, 소외된 학생, 생활과 괴리된 교육과정, 생활이 없는 교실 등이 자주 등장한다. 민주적인 방식으로 생활하는 것이 상황에 맞지 않거나 비현실적으로 보이기까지 한다. 이런 통상적인 방식을 따르지 않으면 "우리 아이가 현실적으로 직장을 구하거나 대학에 가려면 할 수 없다."라고 경고하곤 한다. 이 경고는 현대 사회나 교육 기관 모두에게 서글픈 지적이다. 왜냐하면 학교교육을 사적 이익, 개인적 야망, 직업(기업)적 필요와 관련해서 정당화하기 때문이다.

학생이 민주주의 사회에서 살도록 준비시키거나 사회가 잃어버린 방향을 바로잡도록 돕는 것은 어떨까? 이러한 준비나 도움을 통상적인 방식으로 할 수 있을까? '아니다.' 다시 말해서, 학생이 책을 읽지 않고 독자가 될까, 악기를 만지지 않고 음악가가 될까? 우리는 사회가 어떻게 돌아가는지, 그 사회가 어떻게 기울고 발달하는지를 보고 느끼면서 민주주의와 민주적인 생활 방식을 배운다. 민주적으로 사는 것이 민주주의다.

민주주의 사회에서 시민으로서 학생이 가진 권리는 어떠한가? 학생은 시민으로서 권리를 버리고 학교에 와야 할까? 시민으로서 학생 권리를 인식하는 것이 민주주의 사회에서 학교가 가진 의무인가? 이 질문은 단순하지가 않다. 정책 입안자, 교육자, 법률가는 시민으로서 학생 권리에 대해 오랫동안 토의해 왔다. 법적으로는 학교에 대해 학생 권리를 제한할 수 있는 '공공의 영역'으로 인식해 왔다. 예를 들어, 학교 신문을 검열했던 점, 공립학교가 종교기관에서 시작되었다는 점에서 보면 학교는 사회의 한 기관이었다. 따라서 개인 생활 보호, 형평성, 기타 의무사항 등에 관심을 가져야 한다. 이렇게 오랫동안 논의해 오면서 민주주의 아이디어를 형성하고 계속해서 재구성해 왔다.

　그럼 학교에서는 학생이 가진 민주적 권리를 어떻게 정하는가? 너무 자주 아무런 논쟁도 없이 그냥저냥 넘어가면서 이 질문에 대한 답을 피해 온 것 같다. 그러나 민주주의 사회에서 민주주의를 발전시키려면 학교에 의존할 수밖에 없고, 모든 사람이 거쳐 가는 학교에서는 가능한 한 학생의 민주적 권리를 보장하는 데 더 민감해야 한다. 민주주의 사회에서 학교가 민주적이지 않은 것이 말이 되는가? 학생의 발언권, 의견을 중요하게 여기고, 학생을 존엄하게 대하고, 학생이 의미 있는 활동에 참여할 권리가 있다는 것을 좀 더 진지하게 받아들이면 어떤가? 그리고 학생이 사회에 힘이 되고, 타인에게 도움을 청하고, 관심사를 말하는 등 민주주의 사회에서 생활하는 연습을 할 기회를 줄 필요가 있다는 것을 학교가 진지하게 받아들이는 것이 어떤가? 학생들은 학교나 교실에서 어떻게 생활하고 있는가?

협력하는 공동체 만들기

　아마도 구성원 간 공동체 의식이라는 개념보다 민주적인 교실이라는 용어가 좀 더 익숙할 것이다. 왜냐하면 민주주의 자체가 공동 목적을 가지고 함께 문제를 다루고 해결한다는 의미를 포함하고 있기 때문이다. 교실은 민주주의를 실천하는 곳이기보다 민주주의의 사례다.

교실 민주주의는 여러 사람이 서로를 진짜로 알아 가는 것에서 시작할 수 있다. 교사는 교실에서 관계를 형성하기 위해서 서로 정보를 공유하고, 서로를 인터뷰하며 좋아하는 것들을 알아보고, 개인사를 연표로 만들어 보고, 함께 캠핑하는 활동 등을 한다. 그러나 교실 민주주의에서 관계를 형성하는 일은 함께 어울리거나 분위기를 조성하는 것 이상의 의미가 있다. 관계는 집단적인 힘이고 헌신이고 공동체가 중요한 문제를 다룰 때 중요하다.

공동체 구성원이 함께 사는 방안을 정하는 일은 민주주의 근본 개념 중 하나다. 함께 사는 방안은 규칙, 정책, 행위와 활동 규범을 의미한다. 예를 들어, 참여 의무, 무기나 약물 사용 금지 등이다. 어떤 지역 학교에서는 인종차별, 성차별, 동성애 혐오를 반대한다는 규범을 정하고 있다.

> 민주주의 공동체는······ 교실에서부터 시작해야 한다. 민주주의를 추구하는 교실에서는 학생이 자기 학습에 관한 책임을 공유하고, 서로 간 행위를 정례화해 갈 수 있다.
> Andy Hargreaves &
> Michael Fullan(1998).

민주적인 교실에는 참여와 협력이 있다. 교사는 교실에서 활용할 수 있는 민주주의 방식들을 찾는다. 이를테면 정기적인(매일 혹은 매주 등) 교실 회의를 열어서 학생이 교실 문제를 다룰 수 있도록 한다. 또 어떤 교사는 교실마다 학생 리더를 뽑아서 위원회를 조직하고 다양한 문제를 다룬다. 또 어떤 교사는 교실에서 학생과 함께 학급 '헌법'을 만들며 학기를 시작하기도 한다(〈표 3-1〉 참조). 자주 특히 학생과 함께, 전체 그룹에서 집단생

활 규범에 대해 합의한다. 또 소그룹별로 집단생활에 필요한 규범
에 대해 브레인스토밍하고 목록화해서 공통점을 찾아 합의하는 방
법도 있다.

〈표 3-1〉 201호와 202호 교실 헌법 만들기

201호와 202호 교실 헌법 만들기

우리 교실(201, 202호)을 최고의 교실로 만들기 위해 다음과 같이 생활할
것을 맹세한다.

- 우리는 개인차(독자성)를 존중한다.
- 모든 사람을 인간으로서 존중한다. 서로를 깎아내리지 않는다.
- 서로에게 정직하고 신뢰를 쌓는다.
- 갈등을 다루는 법을 배운다.
- 다른 사람이 하는 말을 경청한다.
- 서로 협력하고 협동한다.
- 배움에 의미를 둔다.
- 사람마다 학습하는 방식이 다르다는 것을 이해한다.
- 다양한 숙제, 현장 학습, 체험 학습을 하여 모두가 배울 수 있게 한다.
  만약 모두가 노력한다면 우리는 모두 성공할 것이다.
- 재미는 본래 경험을 구성하는 부분이다.
- 시간을 지킨다.
- (차례를 기다리는 것이 아니라) 통과할 권리를 존중한다.

우리는 이 규범을 최선을 다해서 따를 것이다. 개인이나 집단은 서로 협동
하고 협력할 것이다.

출처: Brodhagen, B. (1995).

한 걸음 더 나아가서 펜실베니아 래드노어 Pennsylvania Radnor 관내
한 중학교 교사인 마크 스프링어는 학생에게 연방 헌법을 기초로
하여 교실 생활 규범을 정해 보도록 했다. 그리고 동료 교사, 케이
티 살코브스키, 크리스틴 미트링, 리사 언더코플러도 다음과 같은
사례를 들려주었다.

우리는 교실 헌법을 만들었다. 이를 통해 학생들은 교실에서 목소리를
낼 수 있고 스스로가 교실의 주인임을 깨달을 것이다. 우리가 기대하는 것
은 앞으로 1년 동안 교사가 모든 것을 해야 한다는 생각을 버리고, 학생들
이 자신에게 필요한 것을 스스로 해 보도록 하는 것이다. 헌법을 만드는 것
은 공동체에서 사람이 함께 살아가고 어울리는 데 필요한 것은 무엇인지,
왜 우리가 공동체인지를 이야기해 보는 데서 출발한다. 학생들은 성공적인
학습 공동체를 위해 무엇이 필요한지 브레인스토밍했다. 다음 날 학생들은
모둠별로 나온 의견을 공유하고, 공통 사항을 찾았다. 교사 안내에 따라 모
둠별 목록을 다시 전체 목록으로 만들었다. 이 과정에서 각 항목이 필요한
지 아닌지, 왜 필요하지 등 많은 논의를 했다. 가령 학생들은 '학교 규정을
따른다.'라는 항목을 채택할지 말지에 대해 오랫동안 논의했고, 이 항목을
진술하지 않기로 했다.

학생들이 목록을 완성하고, 교사는 교사 관점에서 '합의하기 힘든' 목록
을 제시했다. 이 '합의하기 힘든' 사항을 학생들이 어떻게 반영하는지를 보
는 것, 교실 생활을 위해서 우리가 어떤 것을 원하는지를 보는 것은 흥미로
웠다. 최종 합의를 하고 나서, 우리는 합의한 목록을 타이핑하고 복사해서
각자 한 장씩 가지고 또 201호와 202호에도 게시했다. 마지막으로, 우리

는 학생, 교사, 직원, 교감, 교장 등 학교 구성원 모두를 대상으로 이 헌법에 대한 서명을 받는 '헌법 서명 활동'을 할 예정이다.

학생이 헌법을 충족시키지 않을 때, 우리는 헌법에 진술한 내용을 찾아본다. 우리는 '규칙'이라고 부르기보다는 '헌법'이라고 부르는데, 이는 처벌보다 민주적이고 협력적인 동의를 강조하기 위해서다. 그리고 '권력자'가 원하는 내용이라기보다는 모두 함께 사는 데 필요하다고 동의한 내용임을 기억하려는 것이다.

이렇게 협력적으로 의사결정하는 교사는 거의 교사가 규칙을 만들기보다 '학급 헌법'을 제정하는 데 전념하는 편이다. 또 학생과 1년 동안 교실에서 일어나는 문제를 해결하고 교실 분위기를 조성하기 위해서 '헌법'을 자주 이용한다고 말했다. 어떤 교사는 교실에서 정말 심각한 문제나 쟁점을 다루는 몇 단원을 마치고 나자, 학생들이 찾아와 교실 헌법 중 "우리는 열심히 공부한다. 그러나 시간을 내어 재밌게 논다."라는 조항을 지켜 달라고 요구했다는 이야기도 했다.

나는 제2장에서 일부 교사가 교육과정을 '개발'하고 결정해 놓은 것에 학생이 동의하도록 하는 이런 방식은 비민주적이라고 경고했다. 여기서도 마찬가지다. 우리가 실제로 민주적인 교실을 만들려면, 우리는 반드시 미리 결정해 놓는 것이 아니라 열린 마음으로 그리고 협력적으로 계획해야 한다. 평상시에 하던 방식에서 벗어나려고 하지만, 쉽지는 않을 것이다. 하지만 종국에는 우리도 민주주의 방식에 적응할 것이다. 가장 기억해야 할 점은 협력적으로 의사결정을 할 기회를 주어야 한다는 것이다. 즉, 학생이 무엇을 배울 수 있을지

[그림 3-1] 민주적인 공동체에서는 우리가 함께 사는 방안을 정하면서 시작한다

교사가 미리 고민하기보다 학생에게 공개한다. 그리고 교사와 학생이 함께 방안을 모색한다.

교사와 학생이 함께 의사결정해야 할 것이 교실 행위나 활동에 대한 규범만은 아니다. 내 아들은 교실에서 교실 책상 배치, 게시물 등도 집단 숙의를 해서 정한다고 한다. 또 모둠 편성 방식, 포트폴리오 방식, 프로젝트나 전시회에 가족을 초대하는 방식도 함께 의사결정할 수 있다. 이 의사결정 방식은 모두 교실 공동체를 어떻게 운영하는가 하는 문제와 관련이 있다. 실제로 학생이 교실에서 한 의사결정 과정에 참여할 기회가 많으므로, 민주적인 교실에서 중요한 두 번째 규칙은 뭔가를 알고 싶다면 학생들에게 물어보는 것이다.

교사가 학생과 협력적으로 의사결정할 때 또 한 가지 중요한 규칙은 교사는 학생이 할 수 있는 일을 해서는 안 된다는 것이다. 교실에서 교사-학생이 함께 의사결정해야 하는 일은 교육과정을 개발하는 것부터 학부모 회의를 하는 것까지 다양하다. 민주주의 사회에서 사람은 집단 내에서 의견을 공유하고, 권력을 나눠 가진다. 학생은 참여할 기회를 가지고 이를 의무적으로 경험한다. 학생이 다양한 역할을 수행해 보고, 책임을 공유하는 것은 중요하다. 민주주의 공동체에서는 권한을 학생에게 넘긴다는 점을 기억하라.

이 규칙은 여러모로 도움을 준다. 학생은 여러 가지 이유로 계획하기를 망설인다. 이전에는 그럴 기회가 없었을 수도 있고, 어색해할 수도 있으며, 어떻게 해야 할지 몰라서 혼란스러워할 수도 있다. 또 교사를 믿지 못할 수도 있고, 그냥 개입하고 싶다고 하지 않을 수도 있다. 학생은 때로 교사에게 결정해 주기를 바라기도 한다. 심지어 "선생님 일이잖아요!"라고 말할 수도 있다. 우리는 어떻게 이런 반응에 대응해야 할까? 내가 아는 한 교사는 "학생이 하도록 둔다."라는 규칙을 사용한다. "선생님은 이미 학교에 다녔어요. 이제 여러분이 의사결정하는 것을 배울 차례입니다."라고 말한다.

나는 교실에서 민주적으로 규범을 정하는 과정에서 교사가 그저 참여자 중 한 사람이라는 인상을 주기는 싫었다. 민주주의 사회에서는 학생이 학교에서 민주적으로 생활하는 방식을 배우도록 한다. 이 책임은 주로 교사 몫이다. 교사는 실제로 민주주의 사회가 '고용한 사람'이다. 따라서 교사는 교실을 민주적 공동체로 만들어야 하고 이를 위해서 상황에 따라 공정하게 개입하고 준비해야 한다. 이는 교사의 의무다.

특히 교실에서 민주적인 방식으로 가르치려는 교사에게 의무사항에 대한 인식은 매우 중요하다. 민주적으로 가르치려는 교사를 비판하는 동료나 비판자는 종종 교사를 "무엇이든 학생이 원하는 대로 해 준다."라고 말하면서 무책임하고 부주의하다고 과소평가한다. 어쨌거나 민주주의 사회에서 이상적인 교사의 역할은 논의가 필요하다. 역설적으로 민주적 방식을 비판하는 사람은 자신이 교실 민주주의에 대해 무언가를 말하고 있다는 사실을 깨닫지 못하고 있다. 그래서 민주적인 교실에서 교사가 가진 의무를 이해하지 못하는 것 같다.

인간 존엄성 존중하기

인간 존엄성을 존중하는 것은 민주주의의 가장 기본이다. 인간 존엄성을 존중할 때 민주주의 공동체 문화를 조성할 수 있다. 우리는 민주적인 방식을 통해서 학생이 교실 생활 중에 자신을 가치 있게 여기도록 가르친다. 민주적인 교사는 학생을 잘 알기 위해 노력할 뿐만 아니라 학생이 지금 여기서 민주적으로 생활한다는 것을 생각해 보도록 가르친다.

통상적으로 보면 학교에서 학생은 그저 '학생'일 뿐이다. 학교라는 장소에서 학생 역할을 하고 그 역할을 얼마나 잘 수행하는지를 살펴본다. 학교교육 가치를 학문적 성공, 다른 사람과 경쟁하는 상황에서 자기 위치를 잡는 것 등을 목표로 한다. 그러나 학생은 실세계에서 생활하는 사람이다. '학생' 역할은 그가 인간으로서 맡은 여러 가지 역할 중 하나다. 학생은 가족의 일원이고 집단에서 동료이며 사회 구성원이다. 또 학생은 시민이며 정체성과 가치를 형성하는 문화인이다. 즉, 학생은 학창 시절(초등학생, 중학생, 고등학생 등)을 거치는 특정한 집단이다. 그렇기에 학생의 발달은 사회-문화적인 영향을 받는다. 학생이 가진 인간으로서 존엄성을 존중하고 인정한다는 것은 학생을 그저 학생일 뿐만 아니라 온전한 한 인간으로 진지하게 받아들인다는 의미다. 학생은 누구인가? 학생은 무엇을 기대하고 열망하는가? 학생은 어떤 사회적·문화적 경험이나 정체성을 가지고 학교에 오는가? 학생은 몇 살인가? 학교와 사회는 학생에게 무엇을 기대하는가? 학생 주변을 둘러싼 미디어, 생활환경, 사회자원은 학생에게 어떤 메시지를 주는가? 이 질문은 우리에게 교실에서 학생을 학생보다는 한 인간으로 보도록 한다. 우리가 학생을 인간으로 대할 때 인간으로서 존엄성을 존중하는 문이 열린다.

이렇게 할 때 학생과 관계를 확장하고 교육 공동체로 볼 수 있는 가능성이 있다. '학생'은 더 이상 수동적인 사람이 아니다. 학생은 교육에 개

> 우리는 특수학교와 모든 학교급의 학생을 (무시할 것이 아니라) 이해해야 한다. (불쌍히 여길 것이 아니라) 공감해야 한다. (고립시킬 것이 아니라) 공동체를 조성하도록 해야 한다.
> Jean Ann Hunt(2001).

입하는 종사자다. 우리는 학생을 교과보다는 인간성이라는 렌즈로 보아야 한다. 우리는 학생이 숙련하지 못한 사람으로 볼 것이 아니라 학생이 학교에 가지고 오는 경험, 지식, 다른 강점을 볼 수 있어야 한다. 우리는 학생 목소리, 희망, 두려움을 듣기 시작해야 한다. 우리가 학생 목소리를 들을 때, 학생이 자기를 어떻게 보는지 얼마나 자신감을 느끼는지 우리가 학생을 어떻게 지지할 수 있는지에

관심을 가질 수 있다. 교사는 공동체를 형성하는 모든 일(교육과정을 구성하는 것보다 사회적인 측면에서 평가하는 것까지)을 학생과 함께 정할 수 있다.

항상 그랬듯이 민주적 방식을 비판하는 사람들은 이런 접근이 교사와 학생을 학문적 성과와 높은 기대에서 멀어지게 한다고 주장한다. 마치 학생을 잘 아는 것과 학생을 가르치는 것을 상호 배타적인 것으로 보는 것 같다. 학생의 존엄성을 존중해야 학생에게 높은 기대치를 가질 수 있다는 것을 이해하지 못하는 것 같다. 만약 내가 타인을 존중하지 않는다면, 타인도 나에 대해 거의 기대하지 않을 것이다. 무엇보다도 학생이 학교에 있어도 학생은 여전히 인간이며 존엄하게 대우받을 자격이 있다는 것을 잊어버린 것처럼 보인다. 이는 분명히 비민주적이다.

다양성 환영하기

민주주의는 두 가지 사회적 관점을 가지고 있다. 하나는 '공익 common good'이고 다른 하나는 공동체를 구성하는 개인이 가진 필요, 흥미, 관심사다. 민주주의 논의는 주로 공익을 강조한다. 아마도 자기중심적 사고가 이미 만연하기 때문일 것이다. 민주주의에서는 개인이 갖는 역할을 과대평가하지 않는다. 왜냐하면 공동체가 하는 역할은 개인의 요구와 흥미를 넘어서 있기 때문이다. 개인이 다양할수록 공동체도 풍부하다. 왜냐하면 다양한 목소리가 더 많은 의견, 아이디어, 관점을 풍부하게 하기 때문이다. 이러한 이유로 민주적인 교실에서는 다양성을 문제라기보다는 강점으로 본다. 교실에서 민주적 방식으로 가르치는 목적은 모든 학생을 똑같이 만들려는 것이 아니라, 공동체의 다양성을 형성하고 함께 배우고 일하며 서로 도우면서 사회를 진보하게 하려는 것이다.

민주적인 방식으로 가르치는 것은 학생이 교실이라는 공동체에서 다양성을 알고 인식하도록 도우려는 것이다. 즉, 다양성을 알고 인식하도록 도우려는 것은 쟁점에 대해 서로

> 특히 교육과정에서 공동체의 다양성이 부족하다. 여러 집단이 윤리적으로 다양하다는 것을 정기교육과정으로, 체계적으로, 깊이 공부하지 않는다.
> Geneva Gay(2003/2004).

다른 관점으로 질 높은 논의를 한다는 의미다. 교실에서는 문제를 해결하는 방식이 다를 수 있고 문제 해결에 대한 논쟁이 다를 수 있으며 회의하는 시간이 다를 수 있다. 또 교실에서 학생들이 서로가 가진 생각에 관해 차이점이나 공통점을 생각해 보도록 하려는 것이다. 공동체 안에서의 강점을 생각해 보고 다른 사람에게서 무엇을 배울 수 있는지 생각해 본다는 의미다. 그리고 학생을 상담한다는 의미이기도 하다. 학생이 평소에 교실에서 어떤 질문이든 하고, 무엇이든 관심이 있는 것, 특히 특정한 테마, 토픽, 프로젝트에 관심이 있는지를 상담한다는 의미다.

또 민주적인 방식으로 가르치는 것은 다양한 문화를 인식하고 도입한다는 의미다. 교실에서 민주주의 문화를 조성하는 데 다양한 문학, 역사, 미술, 예술, 여러 형식의 문화를 계속 탐색하는 것이 중요하다. 오직 1∼2개 특정한 문화 산물만 사용하는 교실에서는

학생이 민주적 방식으로 생활하도록 거의 돕지 못한다는 사실을 기억하자. 타 문화를 배제하는 것 자체가 비민주적이다. 그러나 다 문화를 활용하는 방식은 여러 가지다. 예를 들어, 학교에서 대중문화를 다룰 수도 있고 교실에서 현대 미디어나 엔터테인먼트를 다룰 수도 있다. 그러나 교실에서는 흔히 대중문화를 배제하고, 고전 문화, 상류층 문학, 음악, 예술 등을 다룬다. 교실에서 대중문화를 다루는 것이 부적절하다고 말하는 것은 세계를 이해하는 일이나 새로운 생각, 표현 방식이 가진 중요성을 부정하는 것이다. 또 학생 문화 역시 중요하지 않다는 메시지를 학생에게 전한다.

　다양성은 학습 스타일, 표현 방식 등을 개방한다는 의미다. 민주주의 사회에서 우리는 토의와 토론 형태로 상당히 많은 것을 듣는다. 다양성을 추구하면 시청각 매체, 드라마, 춤, 게임 등의 활동을 통해서 지식에 접근하는 학생의 다양한 학습 방식을 인정하게 된다. 학생은 배운 것을 포트폴리오, 전시회, 시연 등 다양한 형식으로 표현한다.

　이 모든 것은 때로 민주주의 사회에서 볼 수 있는 다양한 정치 문화와 동떨어져 보일 수 있지만 실제로 그렇지는 않다. 이런 아이디어는 모두 교실에서 다양성을 존중한다는 점에서 매우 실용적이다. 이질 집단 구성만 하더라도 학교에서 학생이 가진 배경, 문화, 관점, 지식, 기능을 이해하는 방식이다. 다양한 배경을 문제로 보고 이 학생을 다른 학생에게서 격리하거나 동질 집단 구성으로 대처하지 않는다. 다양성은 학생이 함께 생활하고 활동할 수 있는 민주적 공동체로 가는 길이다.

지식을 다루는 법정으로서 교실

민주주의를 가르치려면 학생이 사건, 쟁점, 아이디어를 탐구해야 한다. 사건, 쟁점, 아이디어 등이 의사 결정이나 문제 해결을 위한 정보이기 때문이다. 무엇보다 열린 마음으

> 학생이 문제에 대해 자기 생각을 사용하도록 가르치려고 모든 노력을 다해야 한다. 만약 학생이 스스로 생각하지 않는다면 누군가 학생 대신 생각하게 될 것이다.
> Eleanor Roosevelt

로 비판적인 시각으로 광범위한 정보에 접근해야 한다. 이에 민주주의 문화에서는 좋은 질문이 쉬운 답보다 더 중요하다. 그리고 정보 수집보다 상황 파악을 더 중시한다.

교실에서 중요한 질문이나 쟁점을 다루는 모습은 그 교실이 민주적인 공동체라는 신호 중 하나다. 전형적으로 이 모습은 두 가지를 원천으로 한다. 첫째, 교실에서 학생이 하는 (살아 있는) 경험이다. 앞 장에서 말했듯이 학생을 교육과정 계획에 참여시키는 여러 가지 방법이 있고, 학생 요구나 관심을 중심으로 교육과정 주제나 토픽을 정하려는 의도가 있다. 둘째, 교사가 하는 (사회적) 경험이다. 학생이 교육과정을 계획하는 상황에서 교사도 적극적으로 개입한다. 어리고 경험이 일천한 학생이 세상에 대한 쟁점을 알아차리는 데는 한계가 있기 때문이다. 예를 들어, 어떤 교실에서 학생 요구와 관심을 알아보기 위해서 학생에게 질문을 했더니 학생은 모두 환경 문제만 언급했다. 인종차별, 문화 다양성 같은 문제를 말한 학생은 아무도 없었다. 이 경우에 교사가 사회적으로 의미 있는

주제를 직접적으로 제시하거나 학생이 요구하는 주제에 사회적인 주제를 통합해서 교육과정을 구성해야 한다. 이는 교사가 가진 권리이며 의무다. 어쨌거나 민주적인 방식을 취하는 교실에서는 학생에게 질문을 하고 그 질문에 대한 답을 학생에게서 찾고자 하는 것은 분명하다.

민주적인 방식은 교실에서 일반적으로 일하는 방식이나 문화와는 분명히 다르다. 일반적인 교실에서는 교육과정을 학생이 지식을 습득하고 축적하도록 구성한다. 이를 위해 질문도 하고 답도 한다. 하지만 질문하고 답하는 것이 학생 자신과 학생이 소속한 사회에 대한 쟁점은 아니다. 교육과정 개발 위원(즉 교수, 주 교육의원, 교사 등)이 학생이 학교를 졸업하기 전에 알아야 한다고 생각하는 지식이다. 그렇다고 해서 이런 지식이 항상 무의미하다는 의미는 아니다. 중요한 것은 민주주의에서 민주적인 방식으로 가르치려면 구성원이 문제를 정의할 권리를 가진다는 것이다. 대부분의 교실에서 학생을 소외시키고 있고 또 대부분의 경우에는 학생이 문제를 정의하는 것에 무관심하다. 따라서 교실에서 하는 활동이 학생에게 매력적이지 못하다. 이런 소외는 상당 부분 학생이 교육과정에 대해 목소리를 낼 수 없기 때문 아닐까? 이렇게 해서 무력감을 느끼고, 질문하지 않거나 질문에 답하지 않으며, 심지어 이런 인식조차 하지 않는다. 교실에서 민주주의 문화를 추구하는 상황에서는 무엇보다 쟁점이 매우 중요하다.

민주주의 공동체에서 지적으로 활동하려면 구성원이 주요 문제나 쟁점에 대응할 때 광범위한 정보에 접근해야 한다. 민주주의에서는 사람들이 여러 가지 정보에 자유롭고 다양한 관점으로 접근하여 필요한 정보를 얻을 수 있다는 권리를 높이 평가한다. 에이미 거트만Amy Gutmann(1987, p. 42)은 이를 "비압박nonrepression" 원리라고 불렀다. 사람은 정보에 자유롭게 접근해서 '서로 다른 생활 방식을 합리적으로 이해'한다. 민주적인 방식으로 가르친다는 것은 학생에게 있는 이러한 권리를 존중하며 존중하려고 노력한다는 의미다. 이에 민주적인 교실에서 교사는 학생이 교과서를 넘어 학교 안팎의 자원도 살펴보도록 권한다.

나아가서 교사는 학생이 취한 관점이 인기가 없거나 논쟁의 여지가 있더라도 교실에서 다룰 수 있도록 한다. 나의 동료 마크 스트레벨은 기술이 발달하여 모든 종류별 정보에 더 쉽게 접할 수 있기 때문에, 학생이 사회 구석구석에서 일어나는 일을 전혀 모를 것이라고 행동하는 건 점점 더 무의미해진다고 표현하였다. 더 나아가 학생이 이 세계에, 특히 대중문화나 논란이 되는 쟁점에 무지하다고 생각하는 것은 학생이 이 세계에 살고 있다는 사실을 부정하는 것이다. 또한 민주 시민에게 요구하는 지식에 학생이 접근하지 못할 것이라고 생각하는 것은 위험한 일이다.

민주적인 교실에서 탐구하는 문화, 즉 질문하고, 광범위한 정보를 다루는 것은 결국 형평성과 정의의 문제다. 주요 쟁점에 대해 질문할 때, 사람은 항상 자기 방식대로 일하려고 요구한다. 민주주의에서는 다른 방법이 없다. 이러한 탐구가 교육과정에 새로운 문을 열어 준다. 초등학교부터 고등학교까지 모든 학년 학생에게 인기 있는 주제 단원이 있는데, 바로 상업용 광고나 매체를 주제로 하는 프로젝트다. 이 주제로 여러 가지 활동을 할 수 있다. 이를테면 텔레비전 시청률 조사하기, 마음에 드는 광고 조사하기, 광고를 제작하는 방식 학습하기, 신제품 광고 제작하기 등에 대하여 학생은 광고주가 요구하는 것에 대해 토론하고 제품 광고에 대해 논의한다. 자주 탐구하는 질문은 아니지만, 다음과 같은 질문도 다룬다. 왜 광고주들은 '청소년 시장'에 이렇게 관심을 가질까? 왜 청소년층을 염두에 두고 광고를 기획하는가? 광고주는 학생을 대상으로 무엇을 전제하는가? 왜 시장에서 어떤 제품은 순환하고, 어떤 제품은 사라지고 대체되는가? 이를 누가 결정하고, 어떻게 정하는가?

> 배움에 대한 자유는 확실히 민주주의의 기본 자유 중 하나다.
> Earl Kelly(1962).

이런 질문들로 구성한 단원을 통해서 우리는 우리가 소위 '지식'이라고 부르는 것이 완성된 모습으로 어떤 신비로운 진공상태에서 나오는 것이 아니라는 것을 상기할 수 있다. 사람은 자신이 보고, 믿고, 가치 있다고 여기는 것을 만들고 창조한다. 법정에서는 사람마다 사건이나 쟁점을 다르게 인식하기에 같은 사건에 대해서 최소한 두 가지 이상의 결론이 나타난다. 왜 교실은 '지식을 다루는 법정'이 아닌가? 우리가 교실에서 사용하는 텍스트, 미디어, 기타 자료도 그저 누군가의 관점일 뿐이지 않은가? 물론 이 자료가 제시하는 정보가 사실일 수도 있다. 하지만 하워드 진Howard Zinn(1980), 제임스 로웬James Loewen(1995), The Rethinking Schools Group(Bigelow & Peterson, 1991)이 미국에서 일어난 역사적인 사건에 대해 비판적인 시각을 통해 충분히 보여준 것처럼, 그 '사실'에 관한 다른 버전도 분명히 존재한다.

미디어를 비판적으로 분석하는 것이 '사실'을 어떻게 조작하는지 탐구하는 유일한 방법은 아니다. 수학과 같은 분야도 마찬가지다. 수학은 대부분의 사람이 '객관적'이라고 생각하며, 그래서 마음대로 조작할 수 없다고 생각한다. 그러나 평균적으로 사람은 특정 키와 몸무게, 특정 옷 치수, 특정 수명을 지닌다는 표현은 무엇을 의미하는가? 이러한 표현과 어떤 집단에 있는 사람의 평균 신장, 몸무게, 옷 크기, 수명이라는 말은 꽤 다르다. 무엇이 다른가? 하나는 특정 그룹에 대한 통계 정보를 알려 주는 것 이상은 아니지만 다른 하나는 '정상'과 '기대'를 상징하는 '평균' 이미지를 만든다. 하나는 우리에게 정보를 주고 다른 하나는 우리에게 인식을 형성하게 한다. 사람이 이처럼 휘둘리기 쉬운가? 주위를 둘러보라. 민주적인 교실에서 교사와 학생은 이러한 조작을 파헤친다.

『긴 혁명The Long Revolution』에서 레이몬드 윌리엄스Raymond Williams (1961)는 우리에게 '선택적 전통'에 대해 말해 준다. 선택적 전통이란 어떤 사실, 사건, 사람, 문학, 음악 등이 정치적·문화적으로 살아남아 어떤 시대에 중요하게 받아들여진다는 의미다. 민주적인 방식으로 가르치는 교사는 항상 이 과정을 궁금해하고, 학생도 궁금해하도록 만든다. 민주주의에서는 당연한 것도 항상 질문한다. 질문을 복잡하거나 까다롭다고 생각하는 사람이라면, 한때는 지구가 평평하다고 생각했다는 것을 기억할 필요가 있다. 와인버그와 마틴Wineburg & Martin(2004)은 비판적으로 탐구하는 것을 매우 중요하다고 주장한다. 왜냐하면 인터넷이나 대중매체를 통해서 학생에게 잘못된 정보를 제공할 수도 있기 때문이다.

이러한 예는 교육과정을 '비판'하는데, 교육과정은 민주적으로 생활하는 데 학교교육에 대해 정치적인 것 못지않게 중요하다. 민주주의는 우리가 겉에서 보는 것처럼 그렇게 단순하지 않다. 우리는 이면에 무엇이 있는지 상황은 왜 이런지를 알아보고 싶어 한다. 비록 어른들은 이유를 묻는 아이에게 종종 짜증을 내지만 우리는 이 아이가 이미 민주주의 생활을 시작하고 있다고 생각해야 한다. 이 아이가 하는 질문뿐만 아니라 그 질문에 대답하는 시간을 할애해야 한다. 이러한 모습이 이미 민주적인 방식으로 가르치는 것이다.

다른 한편으로는 교사와 학생 주변에 있는 사회적 사건이나 쟁점을 탐구하는 것은 곧 문제를 일으키는 것이다. 일부 비평가는 학교에서 학생이 사건이나 쟁점을 탐구하기에 너무 어리다고 생각한다. 불쾌한 정보로부터 학생을 보호해야 한다고 말한다. 또 이런 활동으로 인해 '더 중요한' 활동을 할 시간을 빼앗긴다고 생각한다. 이러한 비판은 교실에서 사회적으로 쟁점이 될 만한 질문을 다루지 말아야 한다고 믿게 한다. 왜냐하면 학생은 사회를 비판하기보다 수용해야 한다고 생각하기 때문이다. 분명히 학교에서는 인성교육이 필요하고 민주주의 사회에서는 우리 주변의 윤리 문제를 다루면서 인성교육을 할 수 있다.

불행하게도 최근 대부분의 인성교육은 수업을 통해서 사회 분열을 해결하자는 슬로건 중심 프로그램이다. 이는 가치나 미덕을 선정하고, 이를 촉진하려는 프로그램들이다. 어떤 프로그램은 민주시민 교육보다 우리가 하는 행위에 더 초점을 두는 것 같다(Lockwood, 1985/1986). 그러나 신뢰, 근면, 책임감 등은 더불어 살고자 하는 공동체를 유지하는 데 꼭 필요하다. 민주주의 문화나 교육과정을 구성하는 교실에서는 정서적 측면을 교실 공동체가 다루는 내용과 탐구 과정에 내포하고 있다(Beane, 1990a). 별도 프로그램이나 수업이 필요한 것이 아니다. 인위적인 수업이나 훈계를 통해서 '인성'을 '학습'하기는 힘들다. 사람과 함께 연구하고, 문제를 해결하며, 협상하고, 프로젝트를 기획하며, 의사결정을 하려고 노력하는 과정에서 배울 수 있다. 윤리적으로 딜레마를 유발하고 꾸미지 않아도 학교 안팎에서 이용할 수 있는 것이 많다. 그리고 민주주의 탐구에서 제공하는 것은 우화나 동화에 나오는 딜레마보다는 실제 딜레마다.

교육과정과 문화

앞 장에서 나는 민주적인 방식을 취하고 싶다면, 교육과정을 생각해 보아야 한다고 했다. 교육과정을 개인이나 사회적인 문제로 구성하고 이 문제를 중심으로 지식을 통합하며 프로젝트 학습을 한다. 또 정성과 성찰 평가를 강조하고, 집단 활동에 더 높은 가치를 부여한다. 교실에서 민주주의 문화를 조성하는 교육과정에 대한 아이디어로 돌아가 보자.

민주주의 학교를 표현하는 미사여구가 두 가지 있다. 하나는 민주적인 학교에서는 모든 학생에게 질 높은 교육 기회나 결과를 공평하게 제공한다고 표현한다. 특히 인종, 계급, 성별 등 좋지 못한 여건으로 늘 배제당하는 학생들에게 특히 그렇다. 학교는 에이미 거트만Amy Gutmann(1987, p. 45)이 "비차별nondiscrimination"이라고 한 원칙을 충족한다. 이에 학생은 자기 생활에 영향을 미치는 정치적 결정에 개입할 수 있는 권리가 있다는 교육을 받는다. 다른 하나는 민주적인 학교에서는 학생이 학교 운영에 발언권을 가지고 교실에서 할 경험을 계획한다고 표현한다. 이 두 표현은 모두 교실(학교) 민주주의 개념에서 필수요소다.

그러나 학교가 민주적인 방향으로 변화하기 위해서 교육과정이 필요하다는 생각은 잘 하지 않는다. 아마도 학교 민주주의를 주로 대학에서(교수가) 요구하기 때문일 것이다. 통상 대학의 교육과정은 분과 학문(교과) 구조separate-subject curriculum를 따른다. 따라서 대학교수는 학생이 학교에서 기존 교과에 더 많이 접근해야 한다고 생각하거나 학생이 배워야 할 지식도 이런 교과 영역의 지식이나 기능이어야 한다고 생각하기 때문에 학교의 교육과정 문제를 회피하곤 한다. 더 나아가 이러한 문제는 교과서 개발, 교원 임용 시험이나 자격, 면허 등과 엮여 있다. 많은 사람은 교과교육과정을 흔드는 것이 논쟁적이라는 것을 경험이나 직감으로 알고 있다. 옛말에 "교과교육과정을 바꾸는 것은 묘지를 옮기는 일에 맞먹는다."라는 말이 있다. 어떤 교육과정 개혁가는 "죽은 사람에 대한 존경심이 너무 크다."라고도 말한다.

결국 대부분의 교실(학교)에 있는 분과 교육과정은 교실 민주주의를 크게 제한한다. 교과별 접근the separate-subject approach에서는 교사가 교육과정을 지배한다. 왜냐하면 학생이 배워야 할 지식이 학생 경험을 넘어서 있기 때문이다. 이 관점에서 권한은 성인으로서 그리고 전문적으로 준비된 교사에게 있고 지식은 학생이 습득하고 축적해야 하는 것이다. 학생은 지식을 습득하고 나면, 습득한 지식을 기억해서 표현해야 한다.

분과 교과교육과정the separate-subject curriculum은 지금까지 전형적이었고 예로부터 교사를 전문가로 학생을 초보자나 견습생으로 규정했다. 교사가 환경을 조성하고 학생을 평가하여 등수를 매긴다. 교과별 접근에서는 학생의 지식 습득 여부나 지식을 습득한 양에 따라 지위를 부여한다. 학생에게 전달할 지식을 주로 교실이나 학교 밖에서 정한다. 교사는 다른 사람이 선정해 놓은 지식을 전하는 전달자이고 학생은 성인이 되었을 때 유용할 것이라고 예상하는 그 지식을 소비하는 소비자 또는 수집하는 수집가다.

앞 장에서 말했듯이 교육과정과 교실 문화는 함께 움직인다. 즉, 교육과정을 개인이나 사회적으로 의미 있는 쟁점을 중심으로 구성하면 교실도 진정한 권위를 갖는다. 학생이 중요하다고 생각하는 관심사나

> 지난 13년 동안 미국 학교에서는 학생을 순종적이고 수동적으로 만들었다. 자유롭고 비판적인 시민뿐만 아니라, 풍부한 자원과 자기 주도적으로 문제를 해결하는 사람으로도 제대로 준비시키지 못하고 있다.
>
> Harvey Daniels &
> Marilyn Bizar(1998).

문제들과 연결할 수 있다. 지식과 문제를 통합할 때 목적이나 가치도 살아난다. 교육과정에서 프로젝트나 진정한 평가를 강조할 때, 학생은 목적을 가지고 활동하고 학생과 교사는 함께 계획을 세운다. 또 학생은 성찰적으로 평가하고, 학습에 대한 책임도 더 많이 지며, 집단 활동을 중시하고, 협업하며 생활한다.

진정한 권위, 개인적·사회적 의미, 지식 활용, 목적 있는 행동, 권력과 책임의 공유, 협업은 모두 민주주의 문화가 지닌 특징이며 민주주의 공동체가 살아나는 신호다. 만약 앞에서 언급한 것이 나타나지 않으면, 공동체는 다른 종류로서 공동체이고 이러한 공동체에서는 통상적인 방식을 취한다. 따라서 진정한 권위, 개인적·사회적 의미, 지식 활용, 목적 있는 행동 등을 교육과정에 포함해야 학교에서 민주주의 문화를 충분히 조성할 수 있다. 학교에서는 학생이 기회와 결과에 공평하게 접근할 수 있도록 해야 한다. 학생이 정부에서 하는 일에 대해 발언하도록 해 주어야 한다. 하지만 교사와 학생이 닥치는 대로 모든 일을 함께해야 하는 것이 아니라 교육과정을 함께해야 한다. 교육과정을 통해서 교사−학생 관계를 형성하고 서로에게 필요한 역할을 하기 때문이다. 교육과정이 이렇게 변하지 않으면 교실 문화도 크게 달라지지 않는다. 그리고 교육과정을 바꾸지 않으면, 학교 민주주의를 추진한다고 하더라도 통상적으로 해 온 교육과정이나 방식이 그 민주주의마저도 잠식할 것이다.

마치며

교실(학교) 민주주의를 위해서는 우리가 학교나 교실에서 통상적으로 하는 방식 중에서 바꾸어야 할 것이 많다. 그리고 우리가 정말 원한다면 바꿀 수 있다. 우리는 학생과 함께 민주주의 사회에 맞는 학교 운영 및 교육 구조를 만들 수 있다. 우리는 학생 다양성뿐만 아니라 학생 존엄성을 더 존중할 수 있을 것이다. 우리는 학생과 권력을 공유하고 학생과 더 협력적인 관계를 형성할 수 있다. 우리가 진정 민주적인 방식을 원한다면 다음과 같이 할 수 있다.

이렇게 시작할 수 있다 ▼

카네기 재단과 시민 교육과 참여를 위한 정보연구센터The Carnegie Corporation and the Center for Information and Research on Civic Learning and Engagement(2003)에서는 우리가 교실에서 민주적 방식으로 가르치기 시작할 때 사용할 수 있는 여러 가지 방법을 제안한다. 이 보고서를 참조하여 우리는 여기서 학교를 "시민 교육을 위한 주요 장"으로 명명하고 여섯 가지 접근방식을 설명하고자 한다.

1. 정부, 역사, 법률, 민주주의에 관한 수업을 한다. 미국 정부, 역사, 민주주의 수업을 통해서 시민 관련 지식을 접한다. 이 수업 자체로도 가치 있으며 장기적으로 학생이 시민과 정치 활동에 참여하는 성향을 형성할 수 있다. 다만 딱딱한 절차, 사실 암기 방식은 피해야 한다. 이런 방식은 학생에게 득이 되지도 않고 오히려 정치에 무관심하게 만들 수 있다.

2. 교실에서 토론한다. 지역, 국가, 국제적으로 시사적인 쟁점이나 사건 사고를 토론 주제로 삼을 수 있는데 그중에서 학생이 중요하다고 생각하는 주제가 좋다. 학생이 교실에서 시사 문제를 토론할 기회를 얻는다면 향후 정치에 더 관심을 가지고, 비판적 사고나 의사소통 능력을 향상시키며, 시민으로 성장하는 데 필요한 지식을 더 많이 접하고, 학교 밖에서 일어나는 공공의 문제를 논의하는 데 더 관심을 두는 경향이 있다. 그러나 학생이 다양한 관점에서 말할 수 있는 대화여야 하고 교사는 서로를 비판하거나 제재를 가하지 않도록 지원하는 방식으로 교실 토론에 참여해야 한다.

3. 프로그램을 개발한다. 이 프로그램은 교실에서 하는 수업이나 교육과정이어야 하고 학생은 이 프로그램을 통해서 자신이 배운 것을 지역사회에 기여할 수 있는 기회여야 한다. 오늘날 K-12학년 교실에서 이런 서비스 프로그램Service programs은 일반적이다. 시민으로 성장하는 최선의 방안 중 하나는 교육과정을 개발하는 것이다. 서비스 프로그램은 학업 성취나 높은 자존감을 목적으로 하는 프로그램보다 시민 교육을 추구한다. 학생은 중요한 공익 문제에 의미 있게 참여할 수 있다. 예를 들어, 학생이 프로젝트를 설계하거나 선택한다. 학생에게 자유를 제공한다. 서비스를 성찰할 기회, 정치적 활동 기회를 허용한다. 이 서비스 학습은 일회성으로 단기간 하는 프로그램이라기보다 일반 교육 철학으로 간주할 필요가 있다.

4. 교과 외 교육활동을 한다. 이를 통해 학생은 학교나 지역사회 활동에 참여할 수 있다. 미국인을 대상으로 한 종단 연구에서는 교과 외 활동에 참여하는 고등학교 학생이 졸업 후에도 시민 활동에 더 적극적으로 참여한다고 보고한다. 따라서 학생이 활동에 참여할 기회가 있어야 하며, 참여는 가치 있다는 것을 의미한다.

5. 학교 운영에 학생이 참여하도록 한다. 오래전부터 여러 연구가 학생이 교실과 학교 운영에 참여하면서 시민으로서 태도나 기능을 습득한다고 보고했다. 즉, 학생이 학교 운영에 의견을 내도록 하는 것은 학생에게 공적으로 학교 운영에 참여하도록 장려하는 유망한 방안이다.

6. 학생에게 민주적인 절차나 과정을 모의학습(시뮬레이션)해 보도록 한다. 최근 학교에서 투표, 재판, 입법 심의, 외교, 정치 활동을 모의학습으로 하는 활동을 통해서 학생의 정치적인 지식과 관심을 높일 수 있다고 보고하고 있다.

민주적인 방식을 취하는 교사는 자신의 전문성을 성찰하는 관점에서 다음과 같은 질문을 되새겨 볼 수 있다.

- 우리 교실은 공동체인가, 아니면 그냥 학생이 모인 곳인가? 우리는 서로 협력하는가? 교실 공동체를 관리하고 유지하는 데 학생이 참여하는가?
- 나는 학생을 학생으로 보는가, 아니면 한 인간으로 이해하는가? 교실에서 학생이 낸 의견을 논의하는가? 나는 학생을 한 인간으로 진지하게 대하는가?
- 학생 다양성은 극복해야 할 문제라고 생각하는가, 아니면 교실 공동체를 풍성하게 해 주는 잠재적인 자산이라고 생각하는가? 우리 교실에서는 혹은 교육과정에서는 다양한 문화를 다루는가? 내가 속한 문화는 우리 교실에서 볼 수 있는 주류 문화인가, 아니면 여러 문화 중 하나인가?
- 우리 교실은 '지식을 다루는 궁전'인가? 우리가 주로 하는 질문은 무엇인가? 이벤트, 문제, 아이디어를 넘어서 탐구하는가? 다양한 원천에 접근해서 다양한 의견이나 아이디어를 찾는가? 상황, 쟁점, 사건의 윤리적 측면을 고려하는가?
- 나는 민주주의를 통치 방식이라고만 생각하는가, 아니면 교육과정을 운영하는 방식이라고도 생각하는가?

민주주의란 완성이 있을 수 없기에 이런 질문도 완전히 해결할 수 있는 것이 아니라 끊임없이 성찰해야 한다. 거의 모든 사람이 학

교에 다닌 경험이 있고, 통상적인 방식을 체화해 왔다. 따라서 민주
적인 방식으로 되돌리기가 더 힘들다. 민주적인 교실에서 생활한
학생이 존경, 협업, 다양성, 탐구하는 문화에 더 매력을 느끼고 더
강하다. 나아가서 이 학생은 나중에도 민주주의 공동체에서 일하
려고 한다.

제4장
민주적인 교사 되기

민주적인 방식으로 가르친다는 것은 항상 민주주의 의미를 성찰하고 민주주의 의미를 교실 생활에 반영할 방법을 찾는다는 것이다. 학교에서 민주적 방식으로 가르치려면 교사는 상당한 용기를 내고 창의성도 발휘해야 할 것이다. 민주적인 교사란 무엇을 의미하는가? 무엇 때문에 교사는 민주적인 방식으로 가르치는가? 민주적인 교사는 무슨 생각을 할까? 학교에서는 민주적인 방식을 방해하는 것이 많은데 교사는 어떻게 민주적인 방식을 유지하는가? 이 질문은 매우 중요하다. 왜냐하면 민주적인 방식으로 가르치는 것은 교실 문화 조성이나 교실에서 교육 실천으로 나타나고, 교사에게 달려 있기 때문이다.

민주적인 교사 관점에서 보기

민주적인 방식을 추구하는 교사를 보는 고정관념이 있다. 민주적인 방식을 취하는 교사는 주로 젊고, 정장을 잘 입지 않고, 머리는 부스스하며, 샌들을 신고, 자전거를 타고 출근하고, 건강 식품점을 이용하고, 공중파 TV를 본다. 학생들은 이런 교사를 선생님이라고 부르기보다 이름으로 부른다. 민주적인 교사를 앞서 언급한 것과 같이 묘사하더라도 꼭 그렇다고 할 수도 없다. 말 그대로 고정관념이다. 이는 한편으로는 비판가들이 민주적으로 가르치는 교사를 비주류로 몰아갈 때 하는 말이다. 나는 비판가가 가진 고정관념에 딱 들어맞으면서 교실에서 매우 비민주적으로 접근하는 교사를 본 적이 있다. 또 나는 민주적인 방식에 매우 열정적이고 거침이 없는 한 교사를 만났었다. 나는 아직도 그가 교사 협의 시간에 학교 관료주의를 비판하고, 학생과 교사의 권리를 옹호하며, 교육과정에 사회적인 쟁점이 부족하다고 주장하면서 교사로서 우리가 뭔가를 해야 한다고 주장하는 모습을 선명하게 기억한다. 넥타이를 매고, 정장을 입은 정년퇴직을 앞둔 교사였다. 주변 동료는 민주적인 방식에 열정적인 교사를 까다로운 교사라고도 말한다. 민주적인 방식으로 가르치는 교사인지 아닌지는 외양보다는 교사가 가진 신념이나 실천을 보아야 알 수 있다. 우리는 민주적인 교사를 어떻게 알아볼 수 있는가? 만약에 민주적인 교사가 되고 싶다면, 어떤 마음을 가져야 할까?

민주적인 교사라면 무엇보다 학생(유치원생, 초등학생, 중학생, 고등학생, 대학생 등 어떤 학생이든)을 학생으로만 생각하지 않아야 한다. 민주적인 교사는 학생을 학교라는 세계

> 우리가 정말 학생을 아낀다면 학생을 교실에서 하는 활동에 참여시키는 것만으로는 충분하지 않다. 우리는 인종, 빈부 문제 등 학생 생활과 공동체를 위협하는 모든 것과 싸워야 한다.
> Conrad Toepfer, CA(1969).

에서 생활하는(살아가는) 사람으로 본다. 학생도 자신을 위해서 살 권리가 있고 공공 이익이라는 사회적 의무를 지닌 시민이다. 학생도 발언권을 가지고 있고 학생이 한 발언도 진지하게 생각해야 한다. 학생은 존엄하고 존중받을 권리가 있다. 학생도 사람이며 다양하고 중요한 일에 개입할 권리가 있다. 학생은 질문하고 정보와 아이디어 등을 알 권리가 있고 비판할 권리도 있다.

또 민주적인 방식으로 가르치는 교사는 학생이 똑똑하기 때문에 늘 해 온 대로 살기보다 민주적으로 살면서 배울 수 있다고 기대하고 믿는다. 민주적인 방식으로 가르치는 교사는 학생이 전문가 생각을 그냥 받아들이기보다 그 의견에 도전해 보기를 바란다. 또 새로운 지식, 논란이 되는 문제, 답을 알지 못하는 질문을 하는 데 두려워하지 않기를 바란다. 실제로 내가 만난 민주적인 방식으로 가르치는 교사는 대부분 답이 없는 질문을 다루곤 했다. 이를테면 "무슨 일이 일어났죠?", "답이 뭐죠?" 이런 질문뿐만 아니라, "무슨 일이 일어날 것으로 생각합니까?", "당신은 어떻게 생각합니까?" 등의 질문을 한다. 민주적인 방식으로 가르치는 교사는 학생이 생각하게 한다. 파커 파머Parker Palmer가 교실에서 우리가 교사로서 하는 일은 대부분 그 이면에 두려움이 있다고 말했는데, 파머 말이 맞다고 생

각한다. 침묵에 대한 두려움, 대중적이지 않을까 하는 두려움, 통제력을 잃을까 하는 두려움, 나쁜 수업으로 나쁜 사람을 만들지 않을까 하는 두려움 등이 있다. 파머는 "두려워하지 않으려면, …… 우리는 우리 내면세계 그 어디쯤에 서 있어야 한다."(1998, p. 57)라고 말한다. 민주주의는 가능성을 지닌 언어이고 희망을 가진 정치다. 교사가 민주적인 방식으로 가르친다고 선언할 때 가르치는 일은 두려움이 아니라 희망일 수 있다. 즉, 우리는 더 정의로울 수 있고 더 평등할 수 있으며 더 공동체적일 수 있고 더 존엄할 수 있다.

민주적인 교사는 학생이 계속 문제를 탐구할 수 있도록 질문한다. 민주적인 교사는 학생이 누구인지, 무슨 걱정을 하는지, 뭘 믿는지, 어떤 의견(어젠다)을 가졌는지, 무엇을 희망하는지 알고 싶어 한다. 학생도 우리가 사는 세계(세상)에서 충만하게 살고 있다고 생각한다. 학교 안팎 정치나 시사 문제에 대해 질문하고 사건 사고에 대해 학생과 논의하면서 산다. 민주적인 방식으로 가르치는 교사는 학교나 학생 생활이 세상과 고립되어 있지 않다는 것을 일반적인 교사보다 더 잘 이해한다.

민주적인 교사는 비판적인 시각으로 세상을 탐구한다. 민주적인 교사는 일이 일어나면 항상 이면을 살피고 왜 그 일이 일어났는지를 묻는다. 민주적인 교사는 왜 교육과정이 지금과 같은 방식인지, 누가 교과서를 정하는지, 학교 정책 중 어떤 것이 불평등한지 등을 살핀다. 민주적인 교사는 민주주의를 투명하다고 보기 때문에 질문하기를 두려워하지 않는다. 민주적인 방식으로 가르치는 것을 비판하는 사람은 옳고 그름을 따져 가며 질문하거나 무엇이 우리

에게 중요하고 의미 있는 일인지를 함께 성찰하는 활동을 썩 좋아
하지 않는다. 민주적인 방식으로 가르치는 교사는 교수 방법이나
정책이 공정한지 학생이나 학부모
의견도 들어야 한다고 생각하기 때
문에 비판가들은 민주적인 방식으
로 가르치는 교사가 의사결정을 지
연시킨다고 생각한다.

> 민주적인 방식으로 가르치는 교사
> 는 희망을 가르친다. 또 학교에서 온
> 마음을 다한다.
> Ken Bergstrom, CA(1993).

 사람들은 종종 민주적인 교사가 여러 사안에 지나치게 개입한
다고 생각할 수도 있다. 민주적인 교사는 너무 많은 위원회나 회의
에 참여하며 활동하는 활동가로 보기도 한다. 어떤 가르침이든 가
르치는 일은 사람을 지치게 한다. 어떤 의미에서 보면 교사라는 존
재는 그 자체로 소진으로 가는 길을 선택한 사람이라고 할 수 있다.
민주적인 방식으로 가르치는 교사는 민주주의가 참여를 수반한다
는 것을 알고 있다. 민주주의는 누군가가 대신 해 주는 것이 아니
다. 반면에, 이러다 지치는 교사도 나는 많이 봤다. 민주적인 교사
가 지치는 이유는 대개 너무 많이 참여해서가 아니라 위원회에서
내린 결론에 동의할 수 없기 때문이다.

 우리는 민주적인 방식으로 가르치는 교사를 학생과 민주주의를
옹호하는 사람이라고 널리 알고 있을 것이다. 교무실 회의, 위원
회 협의, 직원 회의, 심지어 일상적으로 복도에서 주고받는 대화에
서도 민주적인 방식으로 가르치는 교사는 동정심을 가지고 학생을
대한다. 민주적인 방식이 동반할 수밖에 없는 것(우려나 걱정)도 놓
치지 않으려고 한다. 민주적인 방식으로 가르치는 교사는 학교 정

책이나 학교에서 일하는 절차에서 형평성과 정의, 의사결정에 참여, 문화 다양성 등에 관심을 가지고 학생 권리나 자녀 권리를 대변할 줄 모르는 부모 권리나 이익을 대변한다. 통상적으로 하는 수업방식이 뿌리 깊게 자리 잡은 학교에서 민주적인 방식으로 가르치는 교사를 좋아하지 않을 수도 있다. 비판가는 때로 민주적인 교사가 모든 일을 무조건 반대만 한다고 생각한다. 이것은 어떻게 보면 사실 같기도 하다. 그러나 민주적인 교사가 반대하는 것은 민주적인 방식이 아니라서 반대할 뿐이다.

민주적인 공동체에서 생활하기

지금까지 나는 민주적인 방식으로 가르치는 전문가로서 개별 교사에게 집중해 왔다. 민주적인 방식으로 가르치는 것을 유지하기도 쉽지는 않다. 특히 전형적인 방식으로 가르치기를 원하는 학교에서 혼자서라도 민주적인 방식으로 가르치는 것이 불가능하지는 않겠지만 비민주적인 상황에서 민주적인 상황을 만들기 위해 노력하며 좌절을 겪거나 냉소적인 사람(동료, 관리자 등)에게 비판을 받아 상처를 입기도 한다. 나는 민주적인 방식으로 가르치는 동료가 있는 학교를 찾아 여러 학교를 전전하거나 아예 교직을 떠나는 교사도 많이 보았다. 민주적인 방식으로 가르치는 교사가 한 사람밖에 없는 학교도 있다. 학교에서 민주주의는 일반적으로 이렇게 시작한다. 한 교사로 인해서 학교가 민주적이고 전문적인 공동체로 변하기도 한다. 어떻게 시작할 수 있을까? 교사는 민주적인 공동체를 만들어서 유지하기 위해 전문가로서 무엇을 해야 할까?

이미 알고 있겠지만 민주적인 공동체에서는 사람들이 함께 모여 민주적 절차를 통해서 공동 관심사에 대해 공동으로 대처한다. 교사는 민주적인 공동체에서 전문가로서 삶을 산다. 늘 학교 근무 조건이나 학교교육 구조를 협상한다. 이 글에서는 교육과정, 수업, 학교 문화나 분위기 등 학교생활 측면에 중점을 두고 살펴볼 것이다. 이런 점에서 교사는 여러 가지 방식으로 민주주의 전문 공동체 활동을 할 수 있다. 교사가 활동하는 민주주의 전문 공동체는 그저 여러 교사가 함께하는 것이 아니라 교사로서 해야 할 일을 하는 것이다.

교사가 민주적인 공동체를 만드는 방안 중 하나는 교사연구회 활동이다. 1940년대에 학교에 등장한 교사연구회는 포럼을 열어서 교사가 함께 학교 문제를 해결하면서 확산되었다. 일반적인 위원회와 달리 교사연구회는 체계적으로 자료를 수집하고 분석하여 다양한 문제나 쟁점을 다루었다. 예를 들어, 학교 행사에 학부모 참여를 확대하는 일을 생각해 보자. 일반적인 위원회라면 교사, 관리자, 학부모 몇 명이 모여서 아이디어를 브레인스토밍할 것이다. 이런 논의를 거쳐서 나온 방식을 실천한다. 교사연구회에서는 이 문제를 상당히 다르게 다룬다. 교사는 학부모와 학생을 포럼에 초대해서 아이디어를 공유하면서 시작할 것이다. '어떤 부모는 참여하고 어떤 부모는 왜 참여하지 않는가?', '부모 참여를 어렵게 혹은 방해하는 장애물은 무엇인가?' 등 이 논의와 관련한 중요한 질문을 다룬다. 이 질문을 다루고 나서 설문 조사, 인터뷰, 포커스 그룹 등을

결성해서 필요한 정보를 수집한다. 또 다른 학교와 연대하고 학부
모 참여 방안에 관한 연구를 살펴본다. 그리고 수집한 데이터를 기
반으로 학부모 학교 행사 참여 방안을 분석하고 논의한다. 방안은
수집한 자료를 기반으로 하며 구현하고 나서 후속 인터뷰나 설문
조사를 통해서 평가한다.

이렇게 시작할 수 있다 ▼

교사가 민주적인 방식으로 가르치고자 할 때 활용할 수 있는 유용한 자
원은 다양하다.

조직
민주주의 교육을 지원하는 수많은 단체나 조직 중 여기에서는 다음 여섯
기관를 소개한다.

• 다시 생각하는 학교Rethinking schools: 민주주의 교육을 지원하는 가장 유
  명한 단체라면 단연 '다시 생각하는 학교'다. 시기적으로 적절한 주제
  를 다루는 저널이나 책을 출판한다. 밀워키 이중언어 학교인 라 에스쿠
  엘라 프래트니La Escuela Fratney는 이미 유명하다. www.rethinkingschools.
  org에 접속하면, 분기별로 『다시 생각하는 학교』 잡지를 구독하거나,
  책을 주문할 수 있다.

• 민주주의 교육 연구소Institute for democracy in education(IDE): 오하이오주 오하이
  오 대학교Athens에서는 전문 학술지 『민주주의 교육Democracy in Education』을
  발행하면서 매년 학술대회를 개최한다. 여기서는 20여개 지역센터를
  네트워킹하면서 지원한다. IDE의 www.ohiou.edu/ide를 방문해 보라.

- 관용 교육Teaching Tolerance: '관용 교육'은 남부 빈곤 법률 센터The Southern poverty Law Center에서 운영하는 프로젝트다. 관용 교육에서는 1991년부터 차이나 다양성을 존중하는 교육활동을 지원해 오고 있다. 연 2회 전문 잡지를 발행해서 무료로 제공한다. 주로 교사, 학교, 다양성과 형평성을 촉진하는 프로그램 개요를 소개한다. 또 고품질 안티바이러스 멀티미디어 꾸러미를 제작해서 무료로 배포한다. 웹사이트(www.teachingtolerance.org)를 방문하면 지금까지 발행한 100호의 잡지와 최신호, 유용한 활동 자료, 자료, 보조금 정보 등을 확인할 수 있다.

- 사회적 책임을 위한 교육자Educators for Social Responsibility(ESR): ESR은 유명하고 오래된 조직인데, 다양한 출판물, 학교 프로그램, 콘퍼런스, 기타 지원을 통해서 민주주의 교육을 지원하고 있다. ESR에서 운영하는 웹사이트(www.esrnational.org)를 방문해 보라.

- 전문학교 연맹League of Professional Schools(LPS): 조지아 대학교의 LPS는 민주적 방식을 추구하는 학교를 네트워킹하고 후원한다. LPS의 www.coe.uga/lps에서는 학교 콘퍼런스, 퍼실리테이션, 자료 등을 지원한다.

- 미국 서비스-학습 정보센터National Service-Learning Clearinghouse: 여기서는 민주주의 교육에 대한 엄청난 자원을 보유하고 있다. 프로젝트 정보, 출판물, 콘퍼런스 등 기타 정보 등을 위해 www.servicelearning.org를 방문해 보라.

출판물

민주주의 교육 관련 책 중 다음 다섯 권은 주로 교사들을 위한 책이다.

Allen, J. (Ed.) (1999). *Class Actions: Teaching for Social Justice in Elementary and Middle School*. New York: Teachers College Press.

Apple, M. W., &. Beane, A. (Eds.) (1995). *Democratic Schools*. Alexandria, VA: Association for Supervision and Curriculum Development.

Beyer, L. E. (Ed.) (1996). *Creating Democratic Classrooms: The Struggle to Integrate Theory and Practice*. New York: Teachers College Press.

Hall, I., Campbell, C. & Miech, E. (Eds.) (1997). *Class Acts: Teachers Reflect on Their Own Classroom Practice*. Cambridge, MA: Harvard University Press.

McDermott, C. (Ed.) (1998). *Beyond the Silence: Listening for Democracy*. Portsmouth, NH: Heinemann.

교사마다 교사연구회 수행 과정을 변형해서 여러 가지 주제를 다룬다. 교실에서 일어나는 문제나 쟁점을 다루는 질문이나 관심사들이 다소 다를 수 있기 때문이다. 교사는 질문이나 관심을 명확히 하고, 데이터를 수집하는 방법을 안내하며 프로젝트에 참여한다. 학교 전체에 미치는 영향은 즉각적이거나 직접적이지 않을 수 있지만, 교실을 중심으로 접근하여 나름 학교 전체에 영향을 미친다. 교사는 서로 전문적으로 묻고 답하며 프로젝트를 통해서 서로를 지지하고 결과를 서로 공유한다. 이러한 상호 존중과 관심은 학교를 민주적인 공동체로 만드는 데 필수적이고 어느 프로젝트나 거의 유사한 결과로 나타난다.

다시 한번 말하지만 단순히 서로 모이기만 해도 민주적인 공동체를 조성하고 유지할 수 있다면 학교는 지금쯤 민주주의로 넘쳐 나야 할 것이다. 결국 협의나 위원회 조직은 민주적인 공동체에 중요한 요소이지만 조직이 항상 민주적인 것은 아니다. 개인적인 안건도 많고 끝도 없는 토론을 해야 하는가 하면 민주주의에서 권고하는 사항을 무시하거나 잃어버리기도 하고 설정인 경우도 없지 않다. 이것이 오늘날 민주적인 공동체의 현주소다. 어느 시점부터는 상부에서 결정하고 학교나 교실에서는 힘들고 고된 회의나 협의를 하지 않으려고 한다. 그러나 교사연구회는 해결해야 할 질문을 식별하고 체계적으로 정보를 수집하고 이러한 정보에 근거해서 의사결정을 한다. 이는 매우 의미 있는 작업이고 미치는 영향도 크다.

중요한 점은 교사연구회 자체가 민주적이어야 한다. 역사적으로 학교 외부 연구자가 교육 연구를 주도했지만, 교사연구회는 학교 내부에서 내부자가 연구를 주도할 수 있다는 가능성을 보여 준다. 교사가 중요한 질문을 하고 스스로 조사하고 답을 찾는 연구를 수행할 때 교육 연구도 민주적으로 변한다. 이러한 점에서 교사연구회는 민주적인 방식으로 가르치는 개별 교사 차원을 넘어서 민주적인 교사 전문 공동체로 나아가는 가장 일반적인 길 중 하나다.

교사가 민주적 공동체로 함께할 수 있는 또 다른 방법은 교사학습모임teacher study groups이다. 교사들이 소그룹별로 모여서 책, 저널, 논문 등을 읽고, 주요 주제나 쟁점을 같이 공부한다. 마이클 드펑 Michael DeFung(2001)은 교사학습모임에 대한 사례연구를 수행했다. 이 연구에서 교사는 학교를 교육공동체로 만들기 위해 어떤 노력을 하는지 사례를 기술하고 있다. 드펑은 이 연구 결과를 『중요한 방법: 최고의 실행을 위한 여섯 가지 구조Methods That Matter: Six Structures for Best Practice』라는 책으로 출판했다(Daniels & Bizar, 1998). 연구자는 격주로 만나서 각 장에 담을 아이디어를 협의했다. 중요한 점은 이 책에서 다루고 있는 구조 자체가 민주적인 방식으로 가르치는 교실과 일치한다는 것이다. 즉, 민주적인 방식으로 가르치는 교실에서 하는 주제 중심 통합 단원, 소집단 활동, 학습 대상, 교실 워크숍, 참경험, 성찰과 평가 등 교사학습모임에서 하는 토론, 교실 활동 나누기, 저널 읽기, 서로의 교실 관찰 등과 유사하다. 교사들이 모여서 교사학습모임 활동을 하면서 그들은 학교에서 상당한 전문성을 개발하였다. 전체 교사의 2/3 정도가 교사학습모임 활동에 참여하는 성과를 이끌었다. 드펑은 자신이 본 것을 다음과 같이 말했다.

> [교사]도 학생이 경험하는 것처럼 민주적인 과정을 경험해야 한다. 그리고 만약 교사가 조화롭고 즐겁게 일하는 태도를 학생에게 전할 수 있으려면 정규직 고용 문제, 퇴직 연금 협상 등의 쟁점을 넘어서 학교 문화 조성에 광범위하게 관심을 가져야 한다(2001, p. 18).

우리는 학생이 민주적인 방식을 배우는 가장 좋은 방법이 민주적으로 생활하는 것임을 알고 있다. 드펑은 우리에게 교사도 마찬가지임을 알려 준다. 통상적인 방식으로 실패할 수 있다는 것도 말해 준다.

교사연구회나 교사학습모임은 학교에서 민주적인 전문가 공동체 활동 가능성을 보여 준다. 이미 많은 학교에서 여러 가지 가능성을 보여 주고 있지만, 이것이 민주적인 방식이라고는 생각하지는 않는 것 같다. 가장 확실한 사례는 티칭팀teaching teams을 구성하는 것이다. 티칭팀을 구성하는 것은 이미 초등학교, 중학교에서 오랫

동안 인기가 있었다. 요즘은 고등학교에서도 자리를 잡기 시작했다. 사실 티칭팀은 교사 몇 명이 학생과 교실을 공유하면서 교실에서 생활하는 규칙을 끊임없이 개선해 왔다. 티칭팀 개념은 전통적으로 관리자가 해 온 일, 즉 교육과정을 정하고, 학교 일과를 정하며, 집단을 편성하는 일 등을 의논한다. 이렇게 보면 드펑이 서술했듯이, 티칭팀을 통해 교사도 학생처럼 민주주의를 경험할 수 있다. 물론 교사를 이렇게 팀으로 조직할 때는 필요한 시간이나 업무 지원이 없기도 하다. 그러나 다시 강조하지만 이러한 지원이 없을지라도 팀이 추구할 가장 중요한 안건은 학생을 다루는 일이다(Show, 1993).

티칭팀 활동을 민주적인 공동체를 형성하는 기회로 생각한다면, 교사는 무엇을 할까? 아마도 수업에 대한 철학을 공유하고, 함께 교육과정을 계획하거나 개발하며, 학생과 지역사회 발달을 논의할 것이다. 나아가서 교사는 학생 자문 위원회를 조직하고 팀 활동을 하고 성찰 평가를 하며 학생 참여를 협약하는 등 학생과 협업하는 방법을 지속해서 모색할 것이다. 이렇게 보면 티칭팀 구성도 좋은 사례다. 민주주의 전문가 공동체를 위해서 항상 새로운 조직을 추가 구성할 필요는 없다. 사실 가장 시작하기 좋은 것은 학교에서 민주적인 방식이라고 생각할 만한 것이라면 그 어떤 것이든 상관없다.

만약 민주주의 전문 공동체를 만들고 유지한다면 얼마 가지 않아 학교교육과 생활 등 모든 분야의 의사결정 과정이 민주적인 방식으로 변할 것이다. 민주주의 문화에서는 함께 비전을 만든다. 개인이 발언권을 가져야만 자신을 구성원 일부로 생각할 것이다. 이러한 사례는 종합적인 학교교육 개혁 모델에 있었다. 학교에는 교사, 관리자, 기타 구성원을 중심으로 팀을 구성하고 학교 개혁 과정을 감독한다. 시간이 지나면, 이 조직은 교사 전문성 개발, 새로운 학교 문제 해결, 학교 개혁 진행 상황을 평가한다. 의사결정도 중요하지만, 더 중요한 것은 더 많은 사람이 의사결정하고 의사결정한 것을 공유하며 이를 통해 학교교육을 계속 개혁할 수 있다는 점이다. 중서부 출신의 교장인 앤 이홀Anne Yehle은 학기 초에 전체 교직원 앞에서 다음과 같이 말했다.

> 우리 학교 사정은 그리 좋지 않습니다. 하지만 우리는 늘 함께해 왔습니다. 우리가 시작한 것은 함께하는 것이었고, 이것이 지난 몇 년 동안 발전의 동력이었습니다. 그리고 지금도 우리가 함께함으로써 성공할 것입니다. 누구보다 우리 학교 학생들이 성공할 것입니다. 이것이 꿈일까요? 그럴지도 모르지만, 우리가 같은 것을 희망하고 같은 꿈을 꾼다면 성공할 것입니다.

조지 우드George Wood(1992)는 민주적인 방식으로 가르치는 여러 학교를 연구하였는데, 협치를 공통점으로 보고했다. 가장 두드러진 예 중 하나는 위스콘신주 밀워키의 라 에스쿠엘라 프래트니/프래트니 학교La Escuela Fratney/Fratney School(1995)다. 학교에서는 협의회를 통해서 학부모와 교사가 숙제, 학부모 참여, 신규 교사 지원 등거의 모든 정책과 사안을 해결한다. 이렇게 협치를 통해서 학교를 운영하기 때문에 민주적인 교실과는 다르다고 생각할 수도 있다.

그러나 학교가 민주적인 문화일 때 교실에서도 민주적인 방식으로 가르칠 수 있다.

이런 점에서 프래트니 학교는 우리에게 교훈 하나를 준다. 즉, 학교는 갑자기 민주적인 방식으로 가르치는 교사를 받아들일 준비가 되어 있지 않다는 것이다. 오히려 민주적인 학교는 민주적인 방식으로 가르치는 교사가 학교에서 전문적인 교사 공동체 활동의 결과로 나타난다. 여러 해 동안 전국적으로 공식적 · 비공식적 단체들(오하이오에 있는 교육의 민주주의 연구소, 보스턴 여성 교사 그룹, 세인트루이스에 있는 공교육 정보 네트워크, 전문학교 연맹, 사회적 책임을 위한 교육자 등)이 있었다. 이 중 가장 유명한 단체가 밀워키의 교사, 시민이 조직한 공동체, 다시 생각하는 학교Rethinking Schools 등일 것이다.

이 공동체는 라 에스쿠엘라 프래트니로도 알려졌으며 『신 교사 핸드북The New Teacher Handbook(Rethinking Schools, 2004)』 등을 출판하였다. 창립 멤버인 밥 피터슨Bob Peterson은 이렇게 이야기한다.

교육 문제를 깊이 있게 다루지 않는 교육청, 뉴스나 매체에 무력감을 느낀 교사, 학부모, 지역사회 인사가 1986년 '다시 생각하는 학교'를 설립했다. 처음에는 12명 정도 작은 독서 모임을 하면서 토론하기로 시작했다. 이들 중 몇몇은 이미 사회 정의를 위한 다양한 시민운동가로 활동 중이었다.

낡은 애플 컴퓨터, 주방용 식탁, 보드밖에 없었지만, 우리는 『다시 생각하는 학교』 창간호를 발행했고, 교육 분야의 논쟁들을 다루었다. 저렴한 신문지 용지로 인쇄해서 관내 학교나 지역 기관에 가능한 한 많이 배포했다.

다시 생각하는 학교 편집실은 비판적인 관점에서 우리가 가르치는 것을 분석하고, 개별 교사를 지원하고, 정치적 행위에 참여하는 네트워크 역할을 했다.

우리는 밀워키Milwaukee 학교에서 인종과 계층 불평등을 분석하고 사회 정의라는 비전을 기반으로 반(反)인종주의 활동을 했다. 이로부터 전국적인 회원들이 가입했다. 우리는 몇 가지 차이점은 있지만, 지역 문제가 곧 국가적인 문제라는 것을 알았다. '다시 생각하는 학교'를 통해서 우리는 전국에 있는 교육자에게 학교 변화를 통해 사회 일부를 바꿀 수 있다는 인식을 심어 주기 시작했다.

출발할 때부터 우리는 다음과 같은 목표를 설정했다. 공교육 원칙을 세운다. 학교는 학생 생활 변화에 영향을 미친다. 기본적이고 실질적인 교육을 한다. 이러한 내용을 저널에 실린 모든 글에 생생하게 담았다.

우리는 두 가지에 중점을 두었다. 첫째, 학교교육 쟁점에 대해 교실의 관점 그리고 인종적인 정의의 시각을 견지한다. 미국은 역사적으로 반인종주의를 정의를 구현하는 중요한 요소로 다루어 왔다. 역사적으로 미국에서는 인종 문제를 다루지 않고는 변화 자체가 불가능하다는 교훈이 전해 오고 있다.

다민족(다인종) 국가로서 미국은 아동 문학부터 학교 재정 투자 패턴에 이르기까지 모든 것이 인종주의 관점에서 정의 문제를 지속적으로 적용해 왔다. 이 관점은 다시 생각하는 학교가 추구하는 방향이기도 하다.

둘째, 우리는 거시적인 하향식 학교 개혁 모델처럼 탁상에서 정책을 개발하지 않으려고 했다. 구성원 대부분이 교사이며 다시 생각하는 학교 프로젝트는 초반부터 그랬듯이 풀뿌리로부터 변화, 교실로부터의 변화를 지향해 왔다. 논문이나 책(『다시 생각하는 콜럼버스Rethinking Columbus』, 『다시 생각하는 우리 교실 1, 2Rethinking Our Classrooms-volumes 1 and 2』, 『읽기, 쓰기, 날아오르기Reading Writing and Rising Up』, 『다시 생각하는 세계화Rethinking Globalization』)을 통해 비판적이고 다문화적인 우리 이야기와 사례를 제공해 왔다. 우리는 출판물을 통해서 학교를 우리가 원하는 대로 바꾸고, 재구성하고, 개편할 수 있다고 주장해 왔다. 하지만 우리가 학생과 교사에게 일어나는 일에 주의를 기울이지 않는 한 어떤 학교 교육도 개혁할 수 없을 것이다.

민주적인 공동체를 시작하는 것은 지속하는 것보다 더 어렵지만 '다시 생각하는 학교' 이야기는 우리에게 둘 다 가능하다는 것을 보여 준다. 교사는 늘 바쁘다. 민주적인 방식으로 가르치는 교사도 마찬가지다. 민주적인 방식을 혼자 실천하기는 어렵고, 어떤 의미

[그림 4-1] '다시 생각하는 학교'와 유사한 기구들은 학교교육 민주주의를 위해
목소리를 내고 있다

에서는 그럴 필요가 없다. 주위를 둘러보면 민주적인 방식으로 가르치기 시작하는 교사는 대개 함께할 마음 맞는 동료를 찾는다.

민주적인 방식을 추구하는 대학원 프로그램

진보주의나 민주주의 교육을 옹호하는 대학교수가 민주적인 방식으로 교사 교육을 하려면 무엇을 해야 하는가? 이런 질문을 대학교수도 해야 공정하다. 진보주의나 민주주의를 옹호하는 교수도 자신이 주장하는 것을 실제로 실천해야 한다. 교수는 진보주의나 민주주의 길을 걷지 않으면서 교사에게 민주주의 길을 가라고 말하는 것은 부당하다. 여러 교수 사이에서 민주주의 교육을 옹호하는 미사여구가 유행하는 정도에 비하면 교사 교육을 위한 프로그램은 매우 적다. 워싱턴Washington 올림피아Olympia에 있는 에버그린 주립대학Evergreen State College이 운영하는 프로그램이 하나 있는데, 마이클 바버스Michael Varvus(2002)는 실제로 민주적인 방식의 교사 교육 프로그램이 얼마나 존재하는지를 설명하면서, 이를 실제로 실천하기는 더 버겁다고 했다. 민주주의를 목표로 하는 교사 교육 프로그램을 개발한다는 것이 무엇을 의미하는지 생각해 보자. 랜든 베이어Landon Beyer(1996, p. 10)는 "안정보다는 사회 정의를, 침묵과 배척보다는 참여를, 지배보다는 해방을, 착취보다는 형평성을 위한 교육을."이라고 말한다.

나는 보기 드문 민주적 공동체를 지향하는 교사를 위한 대학원 프로그램 사례를 하나 알고 있다. 학교에서는 '통상적인' 방식이 뿌리 깊이 박혀 있는 만큼, 일반적인 교육대학원에서 제공하는 교사 교육 프로그램과 비교하면 상대적으로 유연한 프로그램이다. 수업 일정, 교사 지식과 경험에 대한 무관심, 학교교육과 괴리가 있는 교수, 종종 등장하는 토픽은 대부분의 교사를 끌어들이기보다 교사에게 외면당하기는 경우가 더 많다. 대학원에서 전형적으로 볼 수 있는 주제나 과정이 중요하지 않다고 말하는 것이 아니다. 지식을 반대하는 것도 아니다. 그런데도 통상적인 대학원 교육과정은 민주주의에 관해 이야기만 하고 민주주의를 촉진하는 실천을 거의 하지 않는다. 대학원에서 민주주의 교육 이야기만 해도 충분하다면 학교는 지금보다는 많이 달라져 있을 것이다.

대학원 교육과정을 교사가 교실에서 민주적인 방식으로 가르치도록 개발한다면, 그 교육과정은 어떤 모습일까? 나는 여기서 사례 하나를 제시하려고 한다. 유일한 사례는 아니지만 어떤 프로그램인지, 어떤 질문을 할 수 있는지 생각해 볼 수 있을 것이다.

석사 과정에 재학 중인 교사 15명이 있다. 15명의 교사가 담당하고 있는 학년은 다양하고, 모두 대학 근처 학교에서 근무하는 교사들이다. 이 교사들은 2년 동안 매주 4시간 정도 민주주의를 경험하기 위해 등록한 강좌를 수강한다. 이 프로그램에서는 교사를 전문성을 개발하는 전문가라고 전제한다. 또 교사가 가진 교육에 관한 경험이나 지식을 최소한 교수나 교재에서 제시한 지식만큼 가치 있는 것으로 본다. 따라서 강좌 교수 요목을 미리 계획해 놓기보다 수강생으로 참여하는 교사가 몇 가지 계획을 스스로 세운다.

15명의 교사는 초반부에 (학교)교육에 대한 질문뿐만 아니라, 자신이 실천하는 교육, 자신과 함께하는 학생, 소속한 학교, 동료에 관해 탐구하는 질문 등을 다룬다. 소그룹에서 교사가 서로 질문을 공유하고 공통 질문을 정하며 함께 다룰 주제를 개발한다. 이렇게 정한 주제나 질문을 탐구하는 활동으로 프로그램을 구성한다.

그룹별로 여러 주제를 다루기도 한다. 자신이 가르치는 학생에 대한 질문을 일반적인 질문과 통합해서 '모든 학생All My Children'과 교사들이 근무하는 학교의 여건들을 종합해서 '우리 사는 나날Days of Our Lives'이라는 주제를 개발했다. 그리고 학교 밖 삶 관련 질문으로 가난, 인종차별주의 등을 종합해서 '세상이 변하듯이As the World Turns'라는 주제를, 학교교육의 목적, 주어진 교육과정, 최신 교육 방법 관련 질문을 종합해서 '우리를 이끄는 곳을 향해The Guiding Light'라는 주제를 개발했다.

먼저 '모든 학생All My Children'부터 시작하기로 하고, 이 주제에 대한 질문들을 보면서 각 질문에 답할 만한 몇 가지 활동을 만들었다. 교사들은 자기 교실에서 학생 몇 명과 인터뷰해서 내용을 공유하기로 했다. 또 몇몇 교사는 부모도 인터뷰하고, 다른 교사는 상담사나 사회복지사도 인터뷰했다. 교사들은 그룹 토의를 해서 학생이 할 활동을 샘플링하고 공유했다. 소그룹별로 학생들이 할 만한 경험 연표를 만들고 이 프로그램을 위해서 선정해 둔 도서 목록을 보면서 몇 권의 책을 찾았다. 이렇게 선정한 활동들을 보면서, 이 주제를 운영

> 교사는 학교에 민주주의 철학을 안내하면서 일상적인 상황에서 활동하며 민주적인 방식을 이끌어 갈 수 있다.
> Charles Wesley(1941).

하는 데 대략 6주에서 8주가 필요할 것이라고 예측했다. 남은 주제
들도 같은 방식으로 조직했다.

　교사들은 프로그램을 운영하는 동안 주제 관련 활동과 더불어
광범위한 조사 활동을 수행할 것이다. 이 프로젝트는 자기가 실천
하는 교육과 관련해서 몇 가지 주제나 질문에 중점을 둘 것이다.
2명 이상의 교사가 모여서 같은 주제나 질문을 다루는 공동 프로젝
트를 수행하기도 했다. 가령 1학년 통합교육과정으로서 환경 문제,
저소득층 부모가 자녀의 언어 발달을 돕는 방법, 졸업생을 데리고
고등학생 때 경험 인터뷰하기, 토론을 통한 변증법과 구성주의적 수
학 프로젝트 등은 같이했다. 프로젝트를 수행하면서 서로 피드백하
고 지원했다. 프로그램이 끝나면 수행한 프로젝트를 전체 그룹에서
공유했을 뿐만 아니라 각 교사가 소속한 학교 동료들과도 공유했다.

　여러 교사가 함께하는 3~4개월 동안에 그들은 각자의 학교교실
에서 함께 하룻밤씩 보낸다. 주최 교사는 이 시간에 학교 투어를 안
내하고 자기 교실교육과정을 소개한다. 그리고 교사가 학생과 한
활동 1~2개 정도를 공개한다. 다른 교사와 아이디어를 공유하고,
가르치는 스타일, 교육과정 아이디어, 학교 문화 등을 비교하면서
활발하게 토론한다. 서로의 자료를 교환하기도 한다. 참여 교사들
의 교실을 모두 방문하고 나면 그룹에서 서로의 교육 방식, 선호하
는 교육과정, 자원, 관찰한 것들을 대상으로 서로 유사점과 차이점
을 짚어 본다.

　모든 프로그램이 거의 끝나갈 즈음이면 함께 모여 성찰하는 시
간을 몇 주 정도 보낸다. 시간표, 주제, 활동 파일, 기사 글, 유인물,

일정표, 기타 제작물들을 살펴본다. 자기 평가와 그룹 평가도 하면서 서로 무엇을 했고, 어떻게 함께했는지, 잘 안 된 것은 무엇이고 잘된 것은 무엇인지, 도움이 된 것은 무엇이고 별 도움이 되지 않은 것은 무엇인지 등도 나눈다.

프로그램 평가를 하는 동안 교사들은 서로의 개인적·전문적 경험을 이야기한다. 교사들이 진행한 프로그램과 관련해 서로 전문지식을 인정받았다고 생각하며 고마워하기도 한다. 다른 학교와 교실을 볼 수 있었던 기회와 주제가 자기 전문적인 삶에 매우 적절했던 점, 프로젝트를 수행하면서 자신과 주제에 대해서 배운 것이 얼마나 중요한지 등을 이야기한다. 그러나 그중에서도 전문적 공동체 안에서 서로 아이디어를 공유하고 주제를 토론하며 전문가로서 정체성을 확장할 수 있었던 것에 대해 감사하며 의미 있어 한다.

지난 몇 년 동안 나는 루이스 대학 교육학부the National College of Education at National-Louis University에서 이러한 프로그램을 운영했다. 대학원 교사들을 대상으로 강좌를 개설했고, 모두 민주주의 교육이나 사회 정의를 추구했다. 다음은 대학원 프로그램을 운영하는 교수들이 일반적으로 공유할 만한 지침이나 아이디어들이다.

- 교사 경험은 교육을 이해하는 데 매우 중요하다. 적어도 대학의 강의자나 대학교재 저자만큼이나 중요하다.
- 전문가로서 교사는 자기 성장에 중요한 것을 인식할 능력이 있다.
- 교사마다 여러 면에서 독자성을 가지고 있다. 따라서 교육과정도 그만큼 다양하다.

- 교사는 필요, 관심, 문제를 고려해서 프로그램을 계획한다.
- 다른 사람이 아니라 그룹에서 직접 그룹 운영 절차 등을 정한다.
- 프로젝트 평가뿐만 아니라 강사 평가, 강좌 내용 평가도 그룹에서 직접 한다.
- 교육과정을 강좌 중심으로 개발하기보다 교사 삶과 활동 주제를 중심으로 개발한다.
- 일정, 협의 장소 등도 그룹에서 직접 정한다.

민주적인 방식으로 가르치는 대학원 과정은 분명 일반적인 대학원 강좌와는 상당히 다르다. 이 프로그램이 교사 사이에서 엄청나게 인기를 끈 것은 민주적인 방식으로 가르치는 것이 얼마나 매력적이고 강력한지를 방증한다. 그러나 민주적인 방식으로 실제로 가르치는 것은 교사나 대학 강사 모두에게 분명히 도전적이다.

교사는 대학원에 등록하기 전에도 여러 가지 설명회에 참여했고, 관련 자료를 읽었으며, 동료에게 이야기도 많이 들었다. 교사는 이 대학원 프로그램이 여타 다른 방법보다 좋다고 생각해서 대학원에 등록했다. 그러나 이 대학원 프로그램을 듣는 것과 경험하는 것은 차이가 크다. 거의 모두가 그랬듯이 교사가 학생으로서 경험했던 학교나 대학은 일반적으로 권위적이고, 교과서 중심이며, 대체로 수동적이었다. 이제 교사는 개인적으로든 집단적으로든 스스로 결정을 해야 할 상황이다. 대학교수들은 촉구할 수 있지만 개별 교사나 학교가 심사숙고해서 결정하도록 기다려 줄 필요도 있다.

민주적 방식을 취하는 교사들은 대부분 처음에 권력 관계 변화

때문에 힘들어한다. 낮에는 학생과 함께 교육과정을 구성하는 데
집중했던 교사들은 밤에 대학원에서 같은 일을 하려니 힘들어했
다. 명확하게 미리 정해진 평가 기준이 없어서 교사들은 허둥대면
서 교육과정을 개발하기도 하고, 때로는 강사에게 대신 해 달라고
요구하기도 했다. 수업 시간을 정하는 것조차 고통스러워했다. 이
런 교사를 누가 비난할 수 있겠는가? 교사가 언제 어디서 어떻게
이렇게 직접 의사결정하는 방식을 경험했겠는가? 어쩌면 마지막에
누군가 나타나서 자신이 정한 것을 다 뒤집어 버릴지도 모른다고
의심하지 않을 수 있겠는가?

　이렇게 모호한 가운데서도 대부분의 교사가 민주적인 방식으로
가르치는 길을 찾았다는 것은 칭찬할 만하다. 시작은 엉망이었지
만, 시간이 지나면서 상황적 리더가 나타나고 좀 더 의도적으로 민
주주의 문화를 발전시켜 나갔다. 의사결정을 위한 규칙, 문제 해결
방법, 선호하는 학습 스타일과 활동 패턴을 만들었고, 물론 계속되
는 대인 관계 문제나 서로 충돌하는 가치관도 나타났다. 어떤 교사
는 끝까지 이 방식을 제대로 실현하지 못했다. 당연히 이 프로그램
에도 지름길을 찾거나, 힘든 활동을 회피하며, 게으름을 피우고, 최
대한 깊은 토론을 하지 않으려고 민주적인 방식과는 거리가 먼 선
택을 하는 모습도 분명히 있었다. 어떤 점에서는 이런 모습이 그동
안 통상적인 대학원 교육이었고, 교사 교육이었다. 또 그래서 왜 민
주주의가 얼마나 어려운지, 사람들이 어떻게 권위주의적인 규칙이
없는 상황을 어려워하는지를 상기시켜 주었다.

　대학교수에게 민주적인 방식으로 가르치는 것은 도전이고 그만

큼 부담스러울 수 있다. 대부분의 교사 역시 통상적인 대학원 교육, 학교교육을 경험했기 때문이다. 학교는 늘 권위적이었고, 교사 지식을 가치 있게 여기지도 않았다. 교사도 강의나 교과서에 익숙했고, 교수님이 만족하는 과제에 익숙했다. 민주적 방식으로 가르치기 시작하면서 교사들은 질문에 직면한다. 대학원생으로서 강의실에서 어떻게 함께 계획해야 할까? 개입은 얼마나, 언제, 어떻게 하고 침묵은 언제 얼마나 해야 할까? 강의실에서 교수는 무슨 역할을 해야 하나? 방향도 정할 수 없는데 어떻게 강의 준비를 해야 하는가? 의사결정을 할 때까지 얼마나 기다려 주어야 하는가? 어떻게 하면 대학원생 아이디어를 평가절하하거나 교수로서 권력을 부당하게 사용하지 않으면서도 대학원생 의견에 반대할 수 있을까? 만약 교사가 교사연구회에 참여하지 않는다면 내가 무엇을 해야 할까? 이전의 통상적인 교육 방식에 대한 경험이 좋아도 강의실에서 의사결정을 해야 할까?

　만약 구성원 중 일부가 책임을 회피하려고 한다면, 내가 한마디 해야 할까? 아니면 회피도 구성원 권리라고 생각해야 할까? 만약 내가 한마

> 민주주의 문제 해결책은 민주주의가 작동하도록 더 민주적인 일을 하는 데 시간을 할애하는 것이다.
> Deborah Meier(2004).

디 한다면, 내가 처음부터 규칙을 숨겨 왔다는 걸 다른 사람에게 암시하는 것일까?

　자신을 진보적이고 민주적인 교사라고 생각하는 우리에게도 어려운 질문이다. 이를테면 민주주의에 대한 것도 교사마다 생각하는 것이 꽤 다르다. 나는 그룹 미팅을 끝내고 밤에 귀가하는 차 안

에서 여러 가지 생각을 한다. 누가 내 의견에 동의했는지, 내가 교수라서 동의했는지, 대학원생이 "교수님이 결정하세요."라고 얼마나 자주 말했는지, 그 순간 내가 얼마나 솔깃해했는지 등을 말이다. 그리고 나는 이 프로그램을 시작한 지 얼마 되지 않아서 내가 선정한 도서를 대학원생이 선호하지 않는다는 것을 알게 되었다. 이 과정에서 교사들은 교사로서 전문성을 개발하고 민주적인 방식으로 가르치는 교훈도 얻었다. 어떤 교훈은 긍정적이고 어떤 교훈은 학습하기 어려워했다.

민주적으로 가르친다는 것은 발언권을 집단 구성원에게 넘긴다는 의미다. 이것은 교사가 "나는 학생들에게 무엇이 필요한지 알고 있고 내 역할은 학생이 그것을 얻도록 하는 것이다."라는 생각을 버려야 한다는 의미다. 어떤 측면에서 보면 교사가 이렇게 생각하는 것도 자유일 수 있다. 중요한 것은 우리가 무엇을 어떻게 해야 하는지를 스스로 결정하고, 그 책임도 스스로 진다고만 생각하지 않아도 된다는 것이다. 대신에 교사도 집단 안에서 다른 구성원들과 마찬가지로 자신의 위치, 역할, 기여 방안을 생각해 보아야 한다. 때로는 전체 집단에서 어떤 결정을 내리도록 지켜보아야 한다. 개입해야 하는 유혹을 이기는 일이 쉬운 일은 아니지만, 민주적인 학습 공동체에서는 스스로 길을 찾을 기회를 얻어야 한다. 그렇지 않으면 권력 의식에 빠질 수 있다.

교사(대학교수, 강사 포함)가 "민주적인 방식으로 가르치겠다."라는 의도를 학생에게 알려 주는 것이 가장 안전하다. 그래야 집단 안에서 결정을 하고, 그렇게 결정한 것들을 존중할 수 있다.

　민주적 방식이나 절차에서 벗어나면 바로 "우리는 민주적인 공동체라고 생각했습니다!"라는 사인을 보낼 것이다. 일단 민주적인 방식으로 가르치겠다고 선언하고 나면 이후에는 무엇이든지 집단에서 함께 고려하도록 해야 한다. 나는 이러한 방식으로 한 발 물러서서 학생이 자신이 요구하는 것이나 문제 등을 생각하도록 하는 것이 내가 생각하는 것보다 더 흥미롭고 도전적이며 의미 있다는 것을 알게 되었다.

　교사가 원하는 것은 항상 더 큰 정책과 연결하고 있어서 복잡하고, 대부분은 불공평하다. 고군분투하는 학생을 도울 수 있는 더 나은 방법을 찾고, 교육과정 책무성에 대응하며, 점점 늘어나는 직업 스트레스에 대처하면서 가정과 연계 방안을 찾는 등에 대하여 진지하게 탐구하다 보면 학교교육이 복잡하다는 것을 알게 되고 때로는 학교를 하나의 사회 기관으로 보는 법을 이해할 수 있다. 이 방식으로 내가 추상적으로 던졌던 쟁점이 맥락적인 의미를 가진다. 교사도 이 쟁점을 이야기하는 데 흥미가 있다. 왜냐하면 교사에게 교사로서 자신이 하는 일을 생각해 보도록 돕기 때문이다. 내가 강의실에 가지고 오는 지식은 중요했다. 심지어 오래된 것도 우리가 강의실에서 다루는 주제와 연결하면 생생하게 살아났다.

　항상 집단적인 의사결정을 하거나 그 결과를 책임져야 하는 것은 아니다. 그러나 이것이 민주적인 숙의에서 벗어나기 쉬운 순간이기도 하다. 따라서 민주적인 방식으로 가르치기 시작하면 돌이키기가 어렵다. 특히 힘든 하루를 보내고, 거의 소진될 때는 더 어렵다. 대학교수 관점에서 나는 아무도 관심이 없는데 중요한 의사결정을 하기보다는 미루는 것이 더 낫다고 생각하게 됐다. 시간을 낭비하더라도 평소에 일반적인 대학원 강의 중에 학생이 졸고 있는 시간을 생각하면 그리 나쁘지 않다고 생각한다.

그룹 토론을 하더라도 서로 민주적으로 상호작용하는 방식을 배우기는 쉽지 않다. 한 교사가 내 강의실에서 며칠 동안 질의응답 흐름을 도표로 그려서 나에게 보여 준 적이 있다. 당황스럽게도 그 도표는 강의실에서 질의응답이 나를 중심으로 오간다는 것을 보여 주고 있었다. 이러한 습관은 분명히 그동안 대학원 수업에서 생긴 습관이고, 고치기 어려운 습관이었다. 몇 번 시도하고 좌절하면서 나는 마침내 "닥쳐!"라고 적은 종이를 내 앞에 놓고 수업을 했다. 이 종이 때문에 나는 민주적으로 가르치는 데 필요한 교훈 하나를 얻었다. 그것은 내가 표현하고 싶은 아이디어나 코멘트가 있더라도, 만약 내가 충분히 기다린다면, 학생이 항상 그에 대해 말할 수 있다는 것이다. 만약 학생이 말하지 않으면, 내가 내 차례를 얻어서 말하면 된다. 우리 중 대부분은 이 경험이 거의 없으므로 권력을 교사에게서 학생에게로 이양하기 어려워한다. 이것을 배우려면 상당한 시간과 과감한 행동이 필요하다. 게다가 강사는 원래 '지명된 리더'이기에 이 문제에 대해 항상 긴장한다.

민주적인 교실 공동체도 일반적인 다른 사회 집단과 유사하게 보인다. 심지어 교사 집단도 마찬가지다. 교사도 자신이 속해 있는 공동체에 자신의 다양한 경험, 지식, 가치관, 기대를 가지고 온다. 어떤 교사는 민주적인 방식이 쉽지만 대부분의 교사는 인내해야 하고 투쟁해야 할 수도 있다. 집단 안에 권위주의적인 통제가 부재

하면 일이나 책임을 회피하는 것처럼 보일 수도 있다. 어떤 집단은 권위주의적인 통제가 없으면, 딜레마에 빠질 수도 있다. 내가 함께 일했던 집단에서는 경쟁하지 않는 것에 안도감을 느꼈지만 어떤 구성원은 "게으름뱅이(다른 교사들이 일하는 만큼 일하지 않는다고 말한다.)"라고 말하기도 하고, 낮은 점수나 추가 과제와 같은 불이익을 주어야 한다는 말도 들었다. 이것은 많은 교사가 제대로 공부하지 않는 자신의 학생들에게 주는 벌칙이다. 나는 이러한 불평이 없지 않다는 것을 알고 있다. 비판자는 과거 경험 때문에 민주적인 방식으로 가르치려는 교사를 직업적으로 엄격하지 않다고 의심하기도 한다. 이렇게 보면 민주적인 기회를 악용하는 사람에게 개인적으로 조처하지 않거나 '이용당한다'고 느끼지 않기는 쉽지 않다.

　나는 처벌도 민주주의를 특정 방식으로 사용하기로 한 사람이 사용하는 방식이고, 교사에게서 학생에게로 권력을 이양하는 것이 민주적인 방식을 취한다는 메시지를 준다는 것도 알게 되었다. 대신에 나는 이러한 모습이 민주적인 공동체의 모습일 수도 있다는 주장을 하면서 동시에 개인의 선택을 무시하지 않는다는 신호도 보냈다. 민주적 방식으로 가르치는 교사는 이런 딜레마를 자주 겪는다고 생각한다. 어떤 의미에서 보면 역설적으로 민주적 방식을 취하는 사람이 더 공격당할 수도 있다. 민주적인 방식을 따르지 못하는 이유는 여러 가지다(예를 들어, 자율성이 부족해서, 개인적으로 사정이 있어서 등). 특히 통상적인 방식으로 접근할 때도 다르지 않을 것이다. 민주적인 공동체에 참여할 준비가 안 되어 있는 사람이라도 그를 비난하거나 처벌하는 것은 민주주의를 유지하는 데 도움이 되지 않는다.

전문가로서 교사가 민주적인 방식을 시도하기 어려운 이유 중 하나는 통상적인 대학(원) 교육 때문이기도 하다. 민주적 방식을 비판하는 사람은 공개적으로 그리고 은근히 논평하면서 계속해서 민주적 방식을 따르는 교실에서 운영하는 프로그램에는 '엄격함', '내용', '구조'가 결여되어 있다고 지적한다. 이러한 논평은 민주적 방식을 취하는 교사와 학생을 위축시킨다. 슬프게도 해당 교사는 종종 자신의 전문적인 능력과 경험을 의심하기도 한다. 스스로가 얼마나 많은 것을 개인적으로나 직업적으로 얻고 있는지 이야기하는 동안에도 보완해야 할 것이 더 있지 않았을까 걱정한다. 특히 전통적인 교육과정을 이수한 대학 동문들이 비판할 때 더 그렇다.

우리는 민주적 방식을 취하는 교사가 듣는 비판이나 자신감을 잃는 경우를 자주 보았다. 민주적인 방식으로 가르치는 교사는 전통적인 프로그램(교수가 내용을 선정하고 선정한 내용을 수동적으로 가르치는)보다 인지적으로 기대가 높다. 교사가 연구한 자료는 대학 도서관 선반에 꽂힌 석사 학위 논문만큼이나 많다. 그리고 지적으로 엄격한 것과 학문적인 것을 구분할 줄도 안다. 이 모든 것을 알고 있지만 그래도 여전히 자신이 하는 것이 맞는지 의심한다.

민주적인 방식으로 가르치는 교사에 대한 비판이 계속되면서, 민주적 교사들은 사람들의 비판 내용을 상기하며 수업을 매우 힘들게 만들곤 한다. 교수, 컨설턴트, 관리자, 교사 등 거의 모든 사람은 교사를 철학자보다는 기술자로 보는 교사 개념(경험으로 배운다거나 새로운 전문 지식을 창출할 수 없다고 생각한다.)이 뿌리 깊이 박혀 있다. 그렇지 않다는 증거가 바로 앞에 있을 때조차도 비판가들은 대안적인 교사 개념을 받아들이기 힘들어한다. 비판가들이 학생을 수동적으로 생각하듯이 그렇게 생각하는 교사들도 있다. 이는 대학(원)의 교사교육과정에서는 민주적인 방식으로 접근해서 교사 전문성을 개발하도록 하는 프로그램이 드물기 때문이다. 있다고 해도 매우 취약하다. 또 프로그램이 훌륭하다고 해도 외부에서 비판하는 사람이나 내부에서 의심하는 교사가 안도할 만큼 충분하지도 않다. 권위적인 방식에서 나온 정책이나 경험은 교사의 자신감을 약화시킬 수 있다. 이런 정책들이 일반적으로 교직에 강력하게 작동하고 있다. 민주적인 방식은 교사의 잃어버린 자신감을 되찾도록 도우려고 노력한다.

마치며

이 장에서 소개한 대학원 교육과정은 복잡하지만, 민주주의 공동체를 만들 수 있다는 가능성을 분명하게 보여 준다. 특히 이러한 공동체를 유지해야 하는 곳이 학교다. 학교에서 이렇게 민주적인 방식으로 가르치는 것을 살리고 유지하고 싶다면 우리는 계속해서 다음과 같은 질문을 다루어야 한다.

• 우리가 누구인가? 우리가 책임져야 할 학생, 학교 공동체나 문화는 무엇인가?

- 민주적 공동체에 동료를 초대하는가? 혹은 배타적인가?

- 민주적 공동체를 만들기 위해서 새로운 방식을 찾아야 하는가? 혹은 학교에서 이미 하는 것 중에서 찾아야 하는가?

- 교사 교육자(대학교수나 강사)로서 우리는 교사에게 우리가 진정 학교나 교실을 더 민주적인 공간으로 만들려고 노력한다고 말할 수 있는가, 혹은 학교에서 교사가 해야 할 일에 관해서만 이야기하는가?

제5장
민주적인 방식 유지하기

민주주의는 특정 시대에만 통하는 아이디어가 아니다. 따라서 나는 앞 장에서 지금의 (학교)교육정책이나 정치를 분석하지 않으려고 노력했다. 민주적인 방식은 다른 방식을 비판하는 것이 아니라 민주적 방식 자체를 강조하는 데 초점을 둔다. 이러한 민주적인 방식을 어떻게 유지할 것인가. 민주적인 방식의 향후 미래를 전망해 보자. 먼저 민주적 방식이 처한 현재 상태를 살펴보면서 시작해 보자.

10년 전까지만 해도 민주적인 방식이 부흥하는 듯했다. 전국 교육자는 학제 간 접근, 통합교육과정, 무학년제, 문제 해결 중심의 수학이나 과학, 프로젝트 기반 학습 등에 집중했다. 교육 방법에 그치지 않고, 학교나 교실에서 형평성을 유지하며, 학습을 더 의미 있게 하고, 문화적인 내용, 진정한 평가, 더 사회적이고 사회적 의식이 있는 방향을 지향했다. 관련 세미나, 논문, 워크숍에서는 이런 아이디어들이 넘쳐 났다. 많은 학교, 교사가 이런 아이디어를 실천하기 위한 프로젝트나 프로그램을 개발했다.

하지만 사회적 · 경제적으로 보수주의가 득세했다. 보수주의는 학교를 민주적 방식과는 반대 방향의 정책을 개발한다. 학교가 민주적인 방향으로 가지 못하게 한다고 표현하고 싶다. 마이클 애플 Michael Apple(1993)과 같은 학자는 이를 "보수주의의 부활conservative restoration"이라고 불렀다. 이 어려운 시기는 불과 10년 전까지만 해도 그렇게 성행했던 민주주의 교육을 위축시키고 있다. 오늘날 공공 매체나 학술지에서 민주주의 아이디어는 주류가 아니다. 민주주의를 옹호하는 목소리는 책무성 용어의 등장에 눌리고 있다. 성취기준의 등장과 표준 평가가 증가하였고, 학교교육에 대한 도덕적 권위를 검열하고 있다. 민주적 방식을 옹호하는 사람에게는 이런 요즘 분위기가 조너선 코졸Jonathan Kozol(1975)이 쓴 『밤은 어둡고 나는 집에서 멀리 있다The Night is Dark and I Am Far from Home』라는 책 제목만큼이나 암울해 보인다.

학교교육에 대한 책무성을 주장하는 사람은 민주적 방식과 대조적인 수사학으로 자신이 주장하는 바를 설명한다. 이를테면 성취기준과 평가를 '강제'하고, 이는 '진보주의'와 '민주주의'가 추구해 온 '부드러운' 방식과는 대조를 이룬다(Hirsch, 1987; Ravitch, 2000 참조). 책무성을 주장하는 사람은 공교육의 질이 1960년대 이후 꾸준히 하락해 왔다고 주장한다. 이 문제를 바로잡으려면 학문적 엄격성을 강화해야 한다고 주장한다. 어쨌든 교육을 가장 보수적으로 보았던 1960년대로 돌아가는 분위기다. 행동 목표를 강조하고, 수업에 기계 활용을 도입하고, 교과별 조직과 구조를 강조하며, 교사 배제 교육과정 자료 세트를 보급한다. 또 학생과 성취 계약서를 작성하는 등 보수주의자들은 이런 조처들을 강화하고 있다. 책무성을 통해서 학교교육을 구원할 수 있다고 보면서 진보주의나 민주주의 관점에서 나온 발상들이 학교교육을 저해한다고 본다.

반면에, 민주주의를 옹호하는 교육자나 정책 입안자는 교과교육과정 성취기준을 제정하는 데 집중하던 마음을 버리기 시작했다. 성취기준에 대해 미심쩍었던 부분을 하나씩 되짚어 보고 있다. 예를 들어, 교과별 성취기준 개발은 1980년대 '위기의 국가Nation at Risk' 보고서에서부터 시작했는데, 이 보고서는 근거를 알 수 없는 데이터를 기반으로 미국의 국제 경쟁력 약화의 원인을 학교교육으로 돌렸다(National Commission on Excellence in Education, 1983). 많은 교육자가 이 보고내용을 모욕적이라고 생각했지만, 일부 교육자는 학업 성취기준을 높여서 학생의 성취를 높이고 학교교육을 개선해서 '교육의 형평성'을 높일 수도 있을 것이라고 생각했다. 그들은 관료적인 통제 문제를 걱정했지만, 결국 성취기준을 지지했다. 그들은 "단지 성취기준을 설정하는 데 동의했을 뿐이었다. 학교나 교사가 이 성취기준을 모두 충족시켜야 하는 것은 아니다."라고 말하며, 연방 교육과정(연방 수준의 공통교육과정=국가교육과정)을 도입했다.

1994년 의회는 연방 공통교육과정을 승인했고, 가장 가난한 학교, 교사와 학생도 이 기준을 충족시켜야 한다는 "학습 기회 opportunity to learn" 논쟁을 시작했다. 슬프게도 여러 사람은 이 논쟁을 명확하게 알아채지 못했고 열악한 도시와 농촌 지역 학교 여건 악화 상황에 대해서는 거의 언급하지 않으면서 성취기준에 도달하는 것이 학습 형평성을 보장한다는 주장만 했다. 2000년대 들어서면서 성취기준과 평가가 쟁점이 되었다. 학교 여건이 이렇게 엉망인데 어떻게 미국 경제는 이렇게 호황일 수가 있는가? 모든 학생이 모든 기준에 도달하면 모두 고액 연봉을 받는 전문직에 종사할 수 있는가? 그럼에도 불구하고 마리온 브래디Marion Brady(2000)가 '성취기준 신화Standards Juggernaut'라고 할 정도로 공통교육과정을 확대하고 있다.

　대부분의 교사에게 성취기준은 새로운 패러독스다. 보수적인 교육자가 묵인한 성취기준(전국 수학 교사 연합회NCTM와 전국 영어 교사 연합회NCTE에서 개발한 성취기준)은 이제 연방 수준 공통교육과정(국가교육과정)으로 교체되었다. 결국 문제 해결력, 비판적 사고력과 응용력을 목적으로 하는 주제 중심 교육과정은 파닉스 중심 읽기, 연습이나 훈련 중심 수학 내용 목록으로 대체하고 있다. 또 다양한 평가 방안, 포트폴리오 기반 평가 등은 중앙 집중형 표준 평가 체제로 바뀌고 있다. 이런 아이디어 때문에 민주적인 방식으로 가르치는 교실이 점점 사라지고 있고, 초보수주의적인 새로운 책무성 운동이 왕성해 졌다. 성취기준을 기반으로 하는 개혁은 교실을 정치적으로 완전히 제압했다.

　민주주의 학교를 열렬하게 지지하는 사람을 포함해서 거의 모든 사람은 학교에 학생이 배워야 할 것이 있다는 것에 동의한다. 그러나 다음과 같은 질문도 해야 한다. 학생이 배워야 할 것이 정확히 무엇인가? 그것은 어떤 모습인가? 그것을 누가 정하는가? 성취기준을 설정하던 초반에 연방, 주 대부분의 교사나 정치인은 전통적인 학문을 기반으로 성취기준을 설정하는 데

> 엘리트 권력자(사회의 주요 정점 영역에서 제도와 정책을 정하고 수행하는 권력자 집단)에게 민주주의는 위험하다. 불가능한 성취기준을 모든 사람에게 들이대면, 누구도 민주주의를 요구할 힘이 없을 것이다.
> Susan Ohanian(2002).

재빠르게 합의했다. 1980년대 후반 즈음 강경 보수주의자는 '결과'를 자녀에 대한 부모 권리를 침해한 것으로 주장하자, 이제껏 민주주의 지지자들이 추구했던 문화적 이해, 비판적 사고, 문제 해결력과 같이 숨겨져 있던 민주적인 목적이 정치적인 쟁점으로 나타나게 되었다. 이후 거의 모든 성취기준과 표준 평가는 훈련과 연습 기반 학습 내용이나 기능에만 초점을 둔다. 민주적으로 생활한다는 '성취기준'은 없다. 보수주의는 민주적인 생활 등에 거의 신경을 쓰지 않는 것이 분명하다. 또 대학원 교육까지 마친 학생이 학문적 지식을 보호해야 하고, 민주적인 가치에 대해서는 무지해도 상관없다고 여기는 것이 분명하다.

대부분의 교사나 학부모는 일반적으로 교육과정을 교과 내용이나 기능으로 설정해야 하며, 학생에게 교육 내용을 전달하는 방법도 교과교육 방법이어야 한다고 생각한다. 교과 중심 교육과정은 연습, 활동지 학습, 시험 등 학교교육 유물과도 같은 이러한 방식을 강조한다. 학창 시절 동안 이렇게 교과교육을 받은 부모들은 교과에 대한 향수가 있는 것 같다. 교과 중심 교육은 지루하고 생활과 무관하며 괴롭기도 하지만 어쨌든 '인격 교육'이라고 생각하며 반응한다.

이 열망은 특히 중산층 이상 베이비붐 세대에게 강하다. 베이비
붐 세대는 자녀가 다른 학생보다 유리하길 원했고 이를 가능하게
할 돈이 있다. 따라서 중산층이 가진 향수와 두려움 때문에 교육과
정을 고전으로 되돌리려 한다. 그뿐만 아니라 교육산업(학년별로
학생이 알아야 할 것을 알려 주는 책, 교훈을 담은 우화 책과 테이프, 고전
문학, 부모들이 자녀 학습을 계획하도록 돕는 웹사이트)의 등장도 한몫
거든다.

결국 보수주의가 원하는 교과 중심 교육과정은 오늘날 미국 중
산층이 다녔던 당시의 학교교육을 지배했던 고전적인 내용을 중심
으로 한다. 그리고 알피 콘Alfie Kohn(1998)이 지적하듯이 중산층이 가
진 문화적·경제적 힘을 유지하거나 되찾으려는 열망이 민주적인
방식의 필요성보다 더 강하다. 민주적인 방식의 교육과정에는 다
른 문화와 다른 계층이 들어올 자리가 생기기 때문이다. 통합교육
과정과 교과교육과정이 시대와 장소를 달리해서 왔다 갔다 하지만
엘리트주의 문화나 이해관계가 보수적인 정·재계 지도자의 욕망
과 만날 때 민주주의 방식을 위한 공간은 남아나지 않는다.

게다가 성취기준 개념을 점점 거침없이 '표준화 시험'으로 변질
시키고 있고, 점점 더 많은 교육청이 교육 내용이나 기능뿐만 아니
라 교육 방법까지 표준화하는 경향도 늘어나고 있다. 어떤 지역에
서는 교사에게 수업 내용과 순서를 짜서 대본으로 만들어서 제공
한다. 연방에서는 읽기 교육을 위한 재정을 지원하는 과정에서 파
닉스 기반 읽기 교육을 하는 학교만 지원 대상 학교로 선정하기도
했다. 이제 교사는 학년별로 주제 단원 순서를 정하고 표준화하고,

상업용 교육과정 패키지를 채택하여 모든 학생에게 같은 내용을 같은 방식으로 가르치고 있다. 성취기준을 지지한 교육자들은 성취기준이 교육 방법까지 규정해 줄 것이라고는 미처 생각하지 못했지만, 수잔 오헤니언Susan Ohanian(2002)이 '표준주의자'라고 부르는 보수 정치인과 정책 입안자에게 배신당한 순진한 사례에서 드러나고 있다.

공립학교교육이 왜 이런 보수적인 방향으로 가고 있는가? 이 질문에 답하려면 교사가 왜 책무성 운동을 불편해하는지 생각해 보아야 한다. 아마도 교사가 지지하는 표준교육과정은 적어도 이러한 방식은 아닐 것이다. 성취기준은 교육 내용 목록(사실, 기능 등)이 아니라 광범위한 사고를 요구하는 것이어야 한다. 평가는 여러 번, 진심으로, 교실에서, 적어도 표준화 평가가 아닌 방식이어야 한다. 교사는 학습 내용이나 시험 범위가 아니라 다양한 방식을 결정할 수 있는 권한을 가져야 한다. 성취기준은 인종과 계급을 넘어서 학생 성취의 형평성에 기여해야 하는 것이지, 빈곤층 자녀에게 좌절만을 심화시키는 것이어서는 안 된다. 그리고 공립학교교육을 강화해야 하는 것이어야 하는 것이지 학교에 불이익을 주고 필요하다면 학교를 해체하는 것이어서도 안 된다.

> (보수주의) 입장(정부의 재정 지원과 대상 학교 선정 계획)이 미치는 이념적 영향은 중요하다. 민주주의가 정치 개념에서 경제 개념으로 바뀐 것이다.
>
> Michael Apple(2001).

이러한 분명한 대비를 통해 우리는 성취기준이나 표준화 시험에 대한 현재의 흐름이 교육 기회의 공정성이나 학생 성취에 대한 기대 수준을 높이는 것과는 거의 상관이 없고 교육과정을 중앙 집중화하려는 시도일 뿐임을 이해할 수 있어야 한다. 만약에 새로운 책무성 운동이 우리를 '멋진 신세계'로 이끌어 준다면, 연방 교육과정이나 표준화 시험 등 이런 시도로 인해 교사가 교육과정을 정할 여지가 적다고 느끼더라도, 교사가 스트레스를 더 많이 받더라도, 교육이 도덕적인 의미를 잃어버리고 있다고 느끼더라도, 의무는 많고 지원은 적다고 느끼더라도, 가난한 소수 민족 학생이 설 자리가 점점 좁아진다고 하더라도, 학교를 기업처럼 위계적으로 취급하더라도, 교사가 새로운 아이디어에 도전하는 것을 점점 더 두려워하거나 실수하는 것을 두려워하더라도, 왜 이런 내용으로 교육과정을 구성해야 하는지를 학생에게 설명하기 어렵더라도, 우리가 가치 있다고 생각하는 민주적인 것들을 파괴하더라도, 우리가 원하든 원하지 않든, 성취기준을 통한 책무성 운동을 받아들여야 할 것이다.

하지만 보수주의 의도는 훨씬 더 사악하다. 오늘날 미국의 공립학교교육은 역사상 가장 비열하고 비민주적이라고 기록할 정도다. 「낙오 학생 방지 법안NCLB」이 가장 대표적인 예라고 할 수 있다. 이 법안을 준수하려면 결국 모든 학교의 모든 학생은 연방 정부가 주관하는 표준화 시험에서 일정 수준 이상의 점수를 받아서 성취기준을 충족시켜야 한다. 이 법안은 여러 측면에서 비판을 받고 있고 결국 이 요건을 충족시키기가 불가능할 것이다. 따라서 이 법안 배후에는 더 큰 목적이나 의도가 있을 것이다. 실제로 이 불가능한 기준을 고집하면서 공립학교교육은 통제 불가능할 정도로 실패하고 있다. 만약 학교나 교사가 수많은 법안의 강제사항 중 단 하나라도 충족하지 못한다면 학부모나 학생은 자비를 써서라도 다른 대안을 찾을 것이다. 이는 공적 자금으로 영리, 사교육(교육 사업)을 지원하는 것이다. 지금도 영리를 추구하는 기업이 공립학교교육에 개입하는 사례가 많이 있는데, 앞으로는 민주적인 학교에도 관여할 것이다. 이미 그런 징후는 나타나고 있다.

'우리'에서 '나'로

어느 날 나는 교육청에 전화를 걸었고, 어떤 사람이 쾌활하게 "안녕하세요. 고객님, 무엇을 도와드릴까요."라고 응답해서 놀랐다. 내가 "거기 교육청 아닙니까?"라고 물었고, 그는 "네, 맞습니다."라고 대답했다. 나는 잠시 말을 잊고 전화를 끊어 버렸다. 어떻게 된 일이지? 교육청에 왜 '고객 서비스'가 있는 거지? 혹시 몰라 하면서 나는 다시 전화를 걸었다. "고객님, 무엇을 도와드릴까요?" 그는 같은 음성으로 같은 인사말을 했다.

돌이켜 생각해 보면 이 전화에 놀라지 말았어야 했다. 우리는 결국 모든 공공기관이 가진 역할과 목적을 근본적으로 재정의하는 시대에 살고 있다. 나는 개인적으로 민주주의 사회에서 공공기관이 공공 이익을 증진하고 지원한다고 생각하면서 살아왔다. 학교는 개인을 위한 기관이기도 하지만, 동시에 사

> 학교는 학생이 다른 사람과 함께해야 하면서 개인이 목표로 하는 것을 이룰 수도 있고 그렇지 않을 수도 있다. 하지만 민주주의 사회에서 학교는 공통 목표를 성취할 수 있는 곳이다.
>
> Deborah Meier(1995).

회 기관이고, 학교교육이 가진 주목적도 개인적인 것뿐만 아니라 사회적인 데 둔다. 이에 학생을 시민으로, 프로그램 참여자로, 때로는 정책 비판자나 지지자로, 자원봉사자로 역할을 하도록 교육한다. 물론 시민은 학교교육을 위해 세금을 내야 하고, 공공기관으로서 학교교육을 지원할 의무가 있다. 하지만 정작 학교는 사적인 '목적goods'이 아니라, 공적인 이익에 기여하고 있는가? 그리고 공공

> 우리가 원하는 교육은 자신과 공동체에 기여하는 선택을 할 줄 아는 성향을 개발하는 것이다.
> John Goodlad(1997).

선은 단지 나를 위한 선은 아니다. '내'가 아니라 '우리'를 위한 선이다. 그럼 '고객'이 아니라면 어떻게 불러야 할까?

민주주의는 자유 시장 경제를 미화하고 공공서비스를 민영화하면서 점차 개인 선택과 이익을 중심으로 그 의미가 진화하고 있다. 민주주의를 공영 또는 공적 이익만 의미하는 개념으로 축소하고 있다(Apple & Beane, 1995; Sehr, 1997). '우리에 대한 대화보다 이제 나에 대해 이야기하자'는 식이다. 타인 복지에 대한 공개적인 대화는 자기중심적인 목소리에 눌리고 있다. 능동적이고 정의롭고 윤리적인 민주주의는 사적 이익과 공적 이익을 통합하거나 최소한 합리적으로 균형을 유지하려고 한다. 한 사람이 다른 사람을 압도하기 시작하면 민주주의는 위축되고, "나에게 무슨 이득이 있는가?"라는 질문을 더 중시하게 만든다.

공립학교조차도 널리 민영화하고 있고 재정 지원은 줄이면서 통제력을 강화하고 있다. 공공 도서관, 미디어, 박물관, 공원들도 감소하고 있다. 이제는 공동 장소나 학교를 좋은 가격으로 팔아야 한

다고도 말한다. 최근의 분위기는 밖에서는 민주주의를 공적 영역에서만 다루려고 하고, 안에서 학교교육 책무성 운동이 학교(교실) 민주주의를 위협하고 있다.

이 상황이 절망적이긴 하지만, 계속 절망만 할 수는 없다. 민주주의를 반대하는 세력이 계속 증가하고 있지만 민주적 방식을 추구하는 사람도 있다. 책이나 저널, 기사, 웹사이트에 '민주주의'라는 단어가 다시 등장하는 것을 볼 수 있다. 그리고 나는 이렇게 민주주의가 조금씩 되살아나기를 꿈꾼다. 민주적 방식을 지지하는 사람이 민주적 방식의 의미를 좀 더 분명히 하고 있다. 되돌아오는 이 길이 멀고 힘들지는 몰라도 갈 수는 있다. 민주주의 방식을 폄훼하는 사람들이 책무성 운동을 강력하게 추진하듯이, 민주주의 방식을 지지하는 사람들도 민주주의 운동을 강력하게 추진할 수 있다.

다시 민주적인 방식으로

내가 이 책에서 말하고 싶은 것이 몇 가지 있다. 첫째, 민주적인 방식으로 가르치는 사례를 보여 주고 싶었다. 둘째, 민주적인 방식이라는 개념뿐만 아니라 교육과정, 수업, 교실 공동체와 관련해서 민주적인 방식이 갖는 의미를 설명하고 싶었다. 셋째, 교사를 민주적인 방식이라는 이 아이디어로 초대하고 싶었다. 나는 교사가 교실에서 하는 일, 해 온 일을 민주적인 방식과 관련지어 생각해 보게 하고 싶었다. 교사 삶을 민주적인 방식이라는 차원으로 끌어올릴 수 있고 민주주의에 생명을 불어넣을 방법이 얼마나 많은지를 보여 주고 싶었다. 더불어 나는 이미 교실에서 민주적인 방식으로 가르치는 교사를 확인하고 싶었다. 돌이켜 보면 우리가 민주적인 방식을 어떻게 실천하든 다음과 같은 몇 가지 핵심 사항이 있다.

민주주의를 원한다면 민주적으로 존재해야 한다If You Want Democracy, You Have to be Democratic. 학교에서 민주적으로 생활하는 방식을 가르쳐야 한다는 아이디어는 너무나 평범하다. 교사 교육을 시작하는 예비 교사도 '내 교육 철학'을 피력해야 하는 보고서를 작성할 때도 민주적으로 생활하는 방식을 가르쳐야 한다고 표현한다. 그런데도 주변을 보면 사람들은 민주적으로 생활한다는 것에 대해 혼란스러워하고 정보가 부족하다는 징후도 보인다. 우리는 반대한다는 목소리를 내기 꺼리고 언론이 보도하는 정보를 그냥 듣고 부정부패에 대해 어깨만 한 번 으쓱하고는 용서한다. 다른 사람이 우리 사회나 경제 문제를 결정하도록 방관한다. 우리가 학교에서 가르치는 것과 학교를 졸업한 사람이 하는 행동 간에 생기는 이 간극을 어떻게 설명할 것인가?

일반적으로 이 문제를 해명하는 방식은 학교보다 사회나 정치가 미치는 영향이 더 크다고 말할 수 있다. 그럴지도 모른다. 하지만 그렇다고 해도 우리가 학교에서 보내는 17,000~18,000시간이 헛되다는 말인가? 나는 이 말을 믿기가 어렵다. 학교에 다니면서 사람들은 많은 것을 배운다. 그런데 왜 민주적인 방식은 배우지 못하는가?

아무리 그럴듯하게 설명해도 학교에서 실제로 민주적으로 생활하는 방식을 가르치지는 않는다고 말할 수 있다. 민주주의에 대해 가르친다. 더 정확하게 말하면 민주주의 상징, 구조, 절차 등을 가르친다. 우리는 독립선언서나 헌법 일부를 외울 정도다. 우리는 정부 부처를 알고 있고 법안이 어떻게 법이 되는지도 듣는다. 가끔 정치 캠페인을 하거나 선거철에는 역사 수업 시간에 투표소를 참관하기도 한다. 그러나 학교에서는 교사가 대부분의 의사결정권을 행사한다. 또 권위 있는 정보는 오직 교과서에서, 규율은 오직 행정기관이, 학교의 시간·공간·사회적 행위는 관리자가 주로 행사한다.

학교와 민주주의 사회 간에는 늘 간극이 있다. 민주주의 사회의 정부 구조, 민주주의 절차나 상징, 선거만으로는 학생이 민주적으로 생활하는 방식을 배우기 힘들다. 또 가끔 뜨거운 쟁점이나 문제를 토론한다고 해서, 매년 학생회 임원을 뽑는 선거를 한다고 해서 학생이 민주적으로 생활하는 방식을 배우는 것도 아니다. 비판적 사고를 배우려면 비판적으로 사고해야 한다. 마찬가지로 성찰하는 힘은 성찰해 보면서, 협업은 함께 협력하면서, 독립은 독립적으로 행동하면서, 사회적 행동은 사회적인 쟁점에 개입하면서, 연민은 타인을 배려하면서, 책임감은 책임을 지면서, 의사결정 능력은 직접 결정하면서 배울 수 있다.

우리가 민주주의를 성취할 수 있는 유일한 방법은 민주적으로 존재하는 것이다. 학교가 민주적인 방식을 가르치려면 학교에서 학생이 민주적으로 살아야 한다. 학생이 민주적으로 생활하려면 교실(학교)에서 성인(교사)이 민주적인 방식으로 가르치겠다고 공개적으로 결정을 해야 한다.

민주주의는 과정 이상이다. 과정에서 무엇인가를 하는 것이다Democracy Is Not Just a Precess; It Is About Something. 학교나 교실에서 민주주의를 촉진하는 일반적인 방식은 학생이 의사결정하도록 하는 것이다. 의사결정은 민주주의의 핵심이다. 그러나 그동안 학생은 거의 모든 의사결정 과정에서 배제되어 왔다. 학생은 학생회 등에서는 대부분 행사나 모금 계획 같은 일 정도만 결정했다. 민주주의에서 의사결정하는 것이 가장 중요하다고 하더라도 이것도 민주주의 문화의 한 요소일 뿐이다. 왜냐하면 민주주의는 과정 이상이기 때문이다.

> 민주주의를 위한 적절한 교육과정은 민주주의에 대한 학습과 실천 모두를 필요로 한다.
> Walter Parker(2005).

민주주의는 인간 존엄성 존중, 공적인 것에 관한 관심, 협력해서 일하기, 이 세 가지 원리를 기본으로 한다. 이 세 가지 원리는 자유, 평등, 정의와도 밀접하다. 이러한 이유로 학교나 교실에서 민주주의는 단지 과정 이상이다. 모든 학생이 학교에서 광범위한 정보와 관점을 탐색할 수 있어야 한다. 아이디어나 가치를 자유롭게 표현할 수 있어야 한다. 학교교육 기회나 결과에 공평하게 접근할 수 있어야 한다. 학생은 프로젝트, 기타 교육활동 과정에서 다양한 그룹에서 함께할 충분한 기회를 가져야 한다. 학생은 아이디어를 토론하고 논쟁할 수 있어야 한다.

민주적으로 산다는 것은 다른 사람의 결정을 따르는 것이 아니라 중요한 문제를 당면할 때 스스로 결정하고 행동한다는 의미다. 중요한 문제에 협력하는 것이 민주적인 방식으로 사는 것이다. 따라서 민주주의 관점에서 학교교육과정이 개인과 사회 문제에 상당히 주의를 기울일 것을 요청한다. 또 특정 문제를 다룰 때 가능한 한 많은 정보를 바탕으로 할 수 있도록 학문 분야, 대중문화, 기타 다양한 출처를 통해 지식을 통합할 것을 요구한다. 민주주의 관점에서는 교과 내용을 암기하고, 특정 교과 방식으로 사고하지 않는다. 지식을 교과별로 구분하는 것은 학문 분야가 출현하기 시작한 중세 학자의 활동으로 충분할 것이다. 그러나 현대 사회의 문제는 복잡하다. 단일 교과(학문)만 접근해서는 중요한 사회 문제들을 해결하기 힘들고, 교과별로 구분하는 지식은 크게 기여하기 어렵다. 학생이 계획하고 의사결정하는 것이 보다 민주적인 학교를 만들기 위한 좋은 출발점이다. 교육과정이 개인적으로 사회적으로 중요한 문제를 피해 간다면 교육과정은 온전하기 힘들다. 중요한 문제를 다루지 않고 발언권만 갖는 것 역시 온전히 민주적이라고 하기 힘들다.

민주주의는 우리가 도달해야 할 '저기'가 아니라, '지금 여기'에 있다 Democracy Is Not "Out There" Waiting for Us to Get There. It Is in the Here and Now. 민주주의는 분명히 무언가를 하는 것이다. 그 무언가는 항상 민주주의 원칙, 가치 관점에서 판단할 수 있다. 어떤 점에서 그 무언가는 우리가 어떻게 민주적으로 생활하고 학습하고 활동하는가 하는 지침이다. 정해 놓은 방법과 절차가 아니라 나침반이다. 예를 들어, 형평성이란 우리가 다른 사람과 관계하고 일하면서 공정함을 염두에 두고 행동한다는 의미다. 또 사람이 필요로 하는 것, 사람이 이미 가지고 있는 자원, 사람이 가는 길에 불공정한 장애물이 놓여 있는지를 고려한다는 의미다. 민주주의 지침은 교육과정을 구성하는 방법, 학생 집단을 편성하는 방법, 평가하는 방법을 정확하게 이렇다 하고 알려 주지 않는다. 우리가 하려는 것은 학생이 민주적으로 생각하도록 도와주려는 것이다. 어떤 일을 어떻게 수행할지 학생이 결정하면서 형평성도 생각할 수 있다. 내 경험에 따르면 형평성을 생각하면 같은 상황도 다르게 보인다.

선택 문제를 좀 더 명확하게 정의할 수만 있다면, 민주주의는 훨씬 덜 복잡할 것이다. 선택을 명확하게 정의할 수 없기에 민주주의에서는 이 정의를 알아내는 것 자체가 중요하다. 민주주의에서 추구하는 형평성이나 다른 민주적인 원칙을 구현하는 방법은 하나가 아니라 여러 가지라는 점을 이해해야 한다. 또 어떤 결정도 돌에 새기는 것처럼 고정적이지 않다는 점도 이해해야 한다. 민주적인 방식으로 결정한다는 것은 지속해서 성찰하고, 논쟁하며, 수정한다는 의미다. 원칙을 잘 정의할 수는 있겠지만, 어떤 방식으로 그 원칙을 향해 나아갈지는 완전히 차원이 다른 문제다.

이러한 생각은 민주적인 방식으로 가르칠 때 매우 중요하다. 즉, 민주주의가 '현장에서' 문제를 파악하는 것을 의미한다는 점을 상기시켜 준다. 교실에서 우리는 어떻게 함께 생활할 것인가? 교육과정으로 다루어야 하는 중요한 문제와 주제는 무엇일까? 프로젝트를 하기 위해서 학습 집단을 어떻게 조직할 것인가? 민주적인 교실에서 교사와 학생은 여러 가지 질문을 다룰 것이다. 국가 차원에서 성취기준을 설정하여 학교교육에 영향을 미칠 수도 있지만, 종국에는 교실 밖이 아니라 교실 안에서 해야

> 민주적인 교육은 항상 목적을 가지고 있다. 그러나 예측하는 것은 힘들다.
> Carl Glickman(2003).

한다.

'현장the ground level' 아이디어도 민주적인 방식으로 가르친다는 것은 다른 학교나 교실에서 하는 방식을 복사하듯 가져와서 모방할 수 없다는 것을 의미한다. 어떤 교사는 학생과 함께 통합교육과정을 계획하는 질문 문항, 활동 자료 파일(복사본)을 달라고 계속해서 요청한다. 그러나 이는 '아니다'. 민주적 공동체나 절차는 실천에 있다. 이를 통해 단원 개발로 나아갈 수 있다. 다른 교사가 계획한 교육과정을 원하기보다 교사는 학생과 협력해서 교육과정을 계획해야 한다. 어떤 교사는 이 점을 수용하기 힘들어한다. 민주적인 방식으로 가르치는 교실에는 합목적적이고 관련성이 높으며, 지적으로 도전적이면서 매력적인 단원이 있지만, 이 단원은 판매용이 아니다. 워크북에도 웹사이트에도 없다. 교실에서 만드는 것이다. 때로는 '즉석'에서 만들어야 한다. 항상 올해 이 교실에서 함께해야 한다. 주제가 지난번과 같다고 해도 새 교실에서 새로운 학생과 함께할 때는 완전히 처음부터 시작한다. 물론 학생은 작년 교실 학생들이 받았던 것과 같은 질문을 받기도 하고, 같은 자료를 사용할 수도 있고 그렇지 않을 수도 있다.

민주주의와 마찬가지로 민주적인 방식으로 가르치고 배우는 것(수업)도 우리가 도달하려는 '저기'가 아니다. 교실이 민주적인 문화이고 공동체일 때 만들 수 있는 것이고, 또 늘 유동적이다. 해마다 다시 사용할 수 있는 것도 아니다. 특정 시간, 특정 장소, 특정 공동체에서 만들어야 하는 것이다. 교사가 작년 수업을 가져오는 것은 자원이고 경험일 뿐이다. 올해 교실에서 올해 학생을 만나기 전까지는 형태를 온전히 결정할 수 없다. 결국 민주주의는 '한' 만큼 '하고 있는' 만큼 존재한다. 민주주의는 우리가 하는 것을 안내해 주고, 한 것을 성찰하도록 해 준다.

민주주의는 시끌벅적하다Democracy Is Messy. 민주적인 방식으로 가르치는 교실에서는 항상 교사와 학생이 함께 계획하고 프로젝트를 진행하며, 새로운 질문이나 문제가 끊임없이 발생하고, 소집단 혹은 대집단 토론을 자주 한다. 그래서 민주적인 교실은 종종 시끄럽고 어수선하며 혼란스러워 보인다. 일반적으로 하듯이 계획한 수업을 하고, 책상 줄을 딱 맞추어서 정리하고, 잘 정돈한 활동지를 볼 수 있는 교실 풍경과는 좀 다르다. 물론 그 이유는 민주적인 방식으로 가르치는 것이 '시끌벅적'하기 때문이다. 교실에 민주주의가 존재하는 곳은 시간이 오래 걸리고 더 시끄럽지만, 놀라운 일이 더 많이 일어난다.

우리가 진정으로 학생에게 계획을 세우게 하고, 질문을 좀 더 깊이 탐구하게 해 보면, 무슨 일을 할지 예측할 수 있다. 학생은 어른이 생각하지 못한 질문을 많이 한다. 학생이 어른과는 다르게 세상을 보기 때문이기도 하고, 어른은 이미 이런 질문에 답해 보았기 때문에 더 호기심을 느끼지 못하기 때문이기도 하다. 그리고 대개 질문(아이디어, 발견 등)은 또 다른 질문(아이디어, 발견 등)으로 이어진다. 이 점에서 민주적인 방식을 취하는 교실은 고속도로 운전이라기보다는 비포장도로 운전에 비유할 수 있다. 비포장도로를 달리면 더 많은 것을 볼 수 있지만, 그 길은 더 울퉁불퉁하고 구불구불하다.

좀 더 선형적이고 권위적인 방식으로 접근하는 교실보다 민주적인 방식으로 접근하는 교실에서는 설상가상으로 우여곡절도 많아서 민주적인 교실을 설명하기가 더 복잡하다. 흔히 하듯이 교과서와 채점 원칙 목록을 보여 주기보다, 교실에서 수행하는 주제 학습이나 프로젝트 활동을 통해서 학생이 배운 것을 학부모에게 설명해야 해서 더 복잡하다. 불행하게도 쟁점을 다섯 문장 이하로 전달하는 뉴스 같은 설명에 익숙한 청중에게 시간을 더 많이 들여서 민주적인 교실 아이디어를 설명하는 것도 위험하다. 민주적인 방식을 원하지 않는 사람들은 민주적인 방식이 권위주의적인 방식에 비해 느리고 번거롭다고 여긴다. 이 역시 일정 부분 사실이다. 그러나 가장 느리고 가장 번거롭더라도 민주적인 방식은 거의 모든 면에서 여전히 더 나은 방식이다. 무엇보다 우리가 민주주의를 원한다면 달리 방법이 없기도 하다.

> 민주주의는 항상 어수선하고 문제가 있으며 항상 현재진행형이다.
> Deborah Meier(2004).

　　민주주의를 보호해야 한다 Democracy Needs Protection. 민주적인 방식으로 가르치는 교실에서는 항상 선형적이고 교사가 지배하는 방식을 멀리한다. 민주적인 방식으로 가르치려면, 학생, 관계, 교육과정, 학교생활 등 모든 것을 지금까지와 다르게 생각해야 한다. 이에 더 통제적이고 덜 복잡하기를 선호하는 사람, 즉 교과 분과 교육과정을 선호하는 사람은 늘 민주적인 방식으로 가르치는 교실을 비판한다. 민주적인 방식으로 가르치는 교사가 욕을 먹는 이유도 이 방식이 덜 통제적이고 더 복잡하기 때문이다. 교사는 자신이 민주적인 방향을 취한다는 것을 어떻게 알 수 있을까? 그때가 되면 당신 주변에서 동료나 학부모가 다음과 같이 말하는 것을 듣게 될 것이다.

- 학생은 자기가 무엇을 배워야 할지 모른다. 그러니 모든 것을 학생에게 묻지 말라.
- 학생이 이것을 배우거나 하기에 너무 어리다.
- 토론하는 데 너무 많은 시간을 낭비하고 있다. 그러면 학생이 진학 준비를 잘 못할 것이다.
- 학생이 의사결정을 하면 학생이 교실을 장악할 것이다.
- 학생에게 할 일을 알려 주어야 한다.
- 더 구조화해야 한다.
- 교육은 쟁점에 연루되면 안 된다.
- 그룹학습은 똑똑한 학생을 자극하지 못하고 발전시키지 못한다.

민주적인 방식으로 가르치지 않는 교사는 이런 말로 민주적인 방식이 문제가 있다고 생각한다. 그러나 민주적인 방식을 경험해 본 적이 있는 교사라면 이런 말이 비민주적인 위험신호라는 것을 안다. 협력 학습을 비판하는 교사는 종종 능력별 학습 집단 편성으로 되돌아간다. 교육과정을 시사 문제로 구성하는 것을 비판하는 교사는 표준적인 교과 내용, 비판적 사고를 억제하는 교육활동이나 자료를 활용한다. 학생이 교육과정을 정하는 것을 반대하는 교사는 민주주의가 학생이 원하는 거라면 뭐든지 하게 해 준다고 하면서 이를 잘못된 것이라고 말한다.

일반적으로 민주주의를 반대하거나 민주주의에 무관심한 학교에서는 '민주적인 방식으로 가르치는 것을 비판하는 이 문제에 어떻게 대응하는가?'와 같은 질문을 가지고 대화하며 민주적인 방식이 무엇인지를 명확히 하면서 시작할 수도 있다. 그러나 대부분의 비판은 자기 이익과 얽혀 있어서 의도를 숨기고 있다. 그래서 아무리 설명을 해도 인식 차이를 좁히기는 힘들다. 학생에게 발언권을 주는 것을 반대하는 이면에는 교사가 교실을 통제하고 권위를 가져야 한다는 생각이 전제하고 있다. 권위적인 방식이 부족하다고 불평하는 이면에는 일부 학생, 특히 일반적으로 가난하거나 유색인종인 학생을 더 엄격하게 통제할 필요가 있다고 생각하는 신념을 숨기고 있다. 나는 협력 학습을 반대하는 학부모가 자녀가 또래보다 경쟁력을 잃을 것을 걱정하는 속내를 종종 들었다. 이러한 말은 현대 사회, 특히 개인 이익을 우선하고 공동 이익에 관심을 접어버린 세대에게는 놀랄 일도 아니다.

 민주적 접근방식을 선호하는 교사라면 자신이 민주적인 방식을 취하는 이유를 논의하는 것을 꺼리지 않는다. 그런데도 끊임없이 수세에 몰린다. 민주적인 방식을 취하는 교사에 비해서 권위적 혹은 이기적인 방식을 취하는 교사는 덜 도전받는 것 같다. 민주적인 방식으로 접근하는 학교는 드물고, 민주적인 방식으로 가르치는 교사가 있더라도 학교 안에서는 비주류이거나 혼자인 경우도 있기 때문이다. 민주적 방식으로 가르치려는 교사를 비판하는 말은 끊이지 않으며, (자신의 '정치적 자본'이 무엇이든) 끊임없이 타협하거나 민주적 방식을 견지해야 할지 여부를 고민한다. 그리고 결국 이런 끊이지 않는 비판에 지쳐 점점 더 타협하면서 민주주의 기반을 '좁히기'도 한다. 민주적인 방식을 취하는 교사는 머지않아서 학교를 떠나거나 민주적인 방식을 포기한다. 이런 사례는 흔하다.

이런 이유 때문에 학교에서 민주주의를 지속적으로 보호해야 할 필요가 있다. 민주주의는 거의 항상 통상적인 학교나 사회 문화 규범과 충돌한다. 민주적인 방식으로 접근하는 교사가 부당한 비판을 피할 수 있도록 행정 지원을 해 주어야 한다. 민주주의 자체가 민주적인 방식을 온전히 보호할 수 있는 유일한 방안이다. 민주적 방식으로 가르치는 교사는 자신이 하는 일을 공개하고, 자신이 그 일을 하는 이유를 설명할 모든 기회를 활용한다. 다른 사람을 초대해서 교육과정이나 교육에 관해 대화하고, 민주적 방식으로 가르치는 데 따르는 긴장감이나 복잡성을 계속해서 주의 깊게 숙고한다. 그뿐만 아니라 학생들에게는 친구나 부모에게 교실에서 무엇을, 어떻게 배우는지를 이야기하도록 격려한다. 뻔한 말이지만 민주적 방식으로 가르치는 교사나 학생이 민주적으로 학습하고 생활하는 것이 가진 힘에 대해 더 명확하게 표현할수록 더 많은 사람이 민주적인 방식을 이해할 것이다. 교육 당국은 교사 견해를 자주 무시하는 편이지만, 민주주의 교육 경험을 소중히 여기는 학생의 목소리를 언제까지나 거부하기는 힘들 것이다.

민주적인 교사는 동료가 필요하고 지원이 필요하다Democratic Teachers Need Friends and Support. 나는 주로 교사를 생각하며 이 책을 썼지만, 교사만 민주적 방식으로 교육하는 데 관심이 있는 것은 아니다. 민주적 방식을 옹호하는 행정가나 교수도 많다. 특히 대학교수가 민주적인 방식을 지지하면 큰 도움이 되기도 하고, 의도와는 달리 방해가 되기도 한다. 왜냐하면 대학교수는 교사에게 정치적으로 더 개입하기를 바라고, 더 활동하기를 바라고, 더 대립적인 언어를 사용하기를 바라는 편이다. 외부 인사가 인식하기는 어렵지만, 교사는 까다로운 조건 아래서 일한다. 민주적인 방식은 통상적으로 학교에서 일하는 방식이나 흐름과는 반대인 경향이 있어서 교사가 민주적인 방식으로 일하기는 정말 힘들다. 민주적인 방식으로 가르치는 교사는 종종 그 단계를 좀 더 세분화해서 조금씩 접근하기도 한다. 교실 밖에 있는 교육자는 민주적인 교사가 추진하는 이런 단계를 존중해야 한다. 무엇보다 민주적인 교사가 행동하기 전에 그 다음 단계로 더 나아갈 것을 요구해서도 안 된다. 또 '외부 인사'는 민주주의 교육이 전통적인 교육과 대립적이라고 암시하지 않도록 항상 각별히 유의해야 한다. 민주적인 교사라고 해서 늘 동료나 관리자와 충돌하는 것은 아니다. 민주적인 방식을 따르더라도 학교에서 추진하는 일들도 따른다. 학생과 계획하기, 시사 문제를 교육 내용이나 사례로 선정하기, 학생 자기 평가 장려하기, 학급회의하기 등은 관리자에게 허락을 받지 않아도 할 수 있기 때문에 공공연하게 대립적일 필요가 없다.

　교사가 민주적인 방식을 유지하려면 더 큰 지역사회 동료들이 필요하다. 민주적 방식을 지지하는 학부모나 지역 인사는 교사가 민주적인 방식을 취하는 존재라는 것을 표현할 때 지원해 준다. 지역 주민과 특히 지역 유지(지역사회에서 권력을 가진 사람들)도 민주적인 방식을 배울 필요가 있다. 자녀가 좀 더 경제력이 있는 방향으로 계층 이동을 하기를 바라는 부모는 자녀에게 학문(교과) 기반의 통상적인 프로그램을 선호하는 편이다. 나는 부모가 민주적 방식으로 교육을 받으면 기초학력이 떨어진다는 식으로 말하는 등의 잘

못된 정보를 듣고 오해하는 것이라고 생각한다. 우리는 모든 부모에게 자녀가 발언권을 가질 때, 적극적인 공동체의 일원이 될 때, 깊이 탐구할 수 있는 프로젝트를 수행할 때 얼마나 더 많이 배울 수 있는지를 보여 주어야 한다. 내용이나 기능을 암기하는 것이 아니라 적용하면서 습득한다는 것을 충분히 볼 기회를 주어야 한다. 그리고 이 메시지를 지역사회에서 가장 영향력 있는 부모에게도 전해야 한다. 이것이 왜 그렇게 중요한가 하면, 입소문 때문이라고 답할 수 있다. 그리고 이 지역에서 영향력 있는 인사는 무엇보다 교육청 등 교육 당국이 민주적 공간을 폐쇄하는 방향으로 움직일 때 이를 계속 열어 두도록 영향력을 행사할 수 있는 사람들이기 때문이다.

학교 외부 사람들과 소통할 때는 사용하는 언어나 전할 내용에 특별히 유의해야 한다. 부모(보호자)나 주민은 학생이 무엇을, 얼마나 배우는지에 관심이 많다. 부모나 주민은 학생이 지역사회 봉사 활동에 참여하고, 학교에서 지역사회를 지원하는 이야기를 인상 깊게 듣는다. 또 구술사를 활용하는 프로젝트에서 학생들을 돕는 것을 즐긴다. 교과 기반 교육과정 구성 같은 복잡한 이론이나 학교를 맹렬하게 비판하는 일에는 당연히 관심이 덜하다. 우리는 부모나 주민 등이 학생을 도울 수 있도록 학교에 초대하고, 이 과정에서 학교 밖 여러 사람에게 학생이 무엇을 배우고 있는지 알 기회를 제공할 수 있다. 그리고 함께 이야기할 기회가 생길 때, 학교나 사회 문화를 비판하기보다는 학생 생활이 나아지기를 바라는 이야기를 하는 것도 좋다. 우리가 학생 생활이 나아질 수 있다는 것을 이해하게 되면, 저절로 학교나 사회 문화가 어떠해야 하는지도 알게 될 것이다.

이 말은 우리가 순진하다거나 낙관적이라고 보여 주어야 한다는 의미는 아니다. 하비 캔터와 로버트 로Harvey Kantor and Robert Lowe (2000)는 진보주의 학교교육에 대한 보수주의의 공격으로부터 학교를 방어하기 위해 학교 관료제를 비판하는 일을 중단한 점에 대해서, 진보주의(민주적 방식) 교육자의 패배라고 지적했다. 나도 이 주장이 일부 맞다고 생각한다. 하지만 상대에게 빌미를 주는 것이 두려웠다. 이 공격으로부터 학교교육을 방어하는 것이 진보주의만 해야 할 일은 아니라고도 생각한다. 우리도 학교교육이 많은 부분에서 불평등하고, 관료제이고, 때로는 열악하다는 것을 알고 있다. 학교교육을 비판한다고 해서 민주적인 방식으로 가야 한다는 방향이나 목적이 상쇄되는 것은 아니다. 이 비판을 인정함으로써 우리가 방어해야 할 것을 강화할 수도 있다. 그러니 회피하지 않아도 된다.

마치며

지난 20여 년 동안 교육계는 극도로 보수적이고 이기적인 세력이 급부상했다. 그러나 많은 사람이 아직도 이를 눈치채지 못하고 있다. 오늘날은 민주적인 방식이나 민주주의를 옹호하는 사람들에게는 어려운 시대다. 학교에서는 민주적인 프로그램이나 민주주의 공간이 줄어들고 있고, 그 자리에 비민주적 시도들이 꾸준히 등장하고 있다. 이를테면 보편적이고 일반적이며 학문적으로 엄격한 기준을 적용하면 재정 지원을 받는 학교, 표준화 시험의 확산, 교사와 학생이 교실에서 개발하는 프로그램 대신에 표준화된 교육과정 패키지를 제공하는 등이 그렇다.

　이 상황에서 꼭 기억해야 할 것은 민주주의는 역사적으로 매우 회복력이 있다는 것이다. 민주주의 매력은 인간이 가진 가능성을 존중하는 긍정적인 시각에 있다. 사람을 영원히 속일 수는 없다. 사람은 점차 자신의 권리와 기회가 뺏기는 것을 알아차릴 것이다. 이것이 인간 지성에 대한 민주주의의 신념이다. 민주주의 관점에서 보면 오늘날 교육정책이나 정치적인 상황은 암울하지만, 여전히 우리는 가능성의 언어와 희망의 정치를 포기할 수 없다. 시민운동 등 중요한 민주주의 운동을 해 온 하이랜더 학교Highlander School 설립자인 마일스 호튼Myles Horton은 민주주의 관점에서 보면 오늘날 우리가 사는 시대가 어려운 시대라는 것을 다음과 같이 지적한다.

　　　당신이 더는 나아갈 수 없는 때가 있다. 당신의 영향이 미치는 범위 밖에 있는 일은 당신이 처리하기 힘들다. 당신은 초인이 아니기에 당신 능력을 초월하는 일도 있다. 이럴 때는 생각을 할 때다. 당신은 바람이 부는 쪽을 바라보며, 그 바람이 불어오기를 기다려야 한다(1990, p. 200).

　민주적인 방식으로 가르치려는 추진력이 생기고 있다. 우리는 민주적인 방식으로 가르친다는 것이 무엇을 의미하는지, 어떻게 하면 전보다 더 잘할 수 있는지 더 진지하게 생각해야 한다. 나도 민주주의 바람이 서서히 불고 있다고 생각한다. 점점 더 많은 사람이 '민주주의Democracy'로 시작하는 글을 쓰고 있다. 많은 교육자가 우리가 무엇을 잃어버렸는지 깨닫기 시작했고, 책무성을 중심으로 하는 새로운 교육정책이 힘을 잃을 것이라고 생각한다. 어느 시점부터 전세는 역전될 것이다. 더 나은 것을 찾는 과정에서 우리는 교육이 점차 민주주의를 지향(목적)할 가능성을 발견할 것이다.

제6장
다시 민주적인 방식으로

민주적인 방식으로 가르치는 것을 비판하는 사람도 많다. 나는 비판하는 사람을 무조건 비난하고 싶지는 않다. 비판하는 사람 역시 자

> 학교가 학생이 민주주의를 배우는 유일한 장소는 아니지만, 학교는 모든 미국인이 공통 경험을 하는 몇 안 되는 장소 중 하나다.
> George Wood(1992).

기 견해를 개진할 권리가 있으며 이것이 민주주의이기 때문이다. 그러나 나는 비판자의 주장 중 많은 것이 당황스럽다. 어떤 사람은 민주적인 방식이 교사가 '잘good' 가르치는지에 너무 의존한다고 말한다. 그러나 못 가르쳐도 학생에게 통하는 게 도대체 있을 수 있을까? 왜 민주적인 방식에만 태클을 거는 걸까? 어떤 사람은 민주적 방식으로 가르치면 '학업 성취academic'가 충분하지 않다고 비판한다. 그러나 교실에서 '학업', 즉 내용이나 기능을 다루지 않는 가르침이 있을까? 내용이나 기능을 민주적인 방식으로 배우지 않는다면 머리로만 알고 사회적인 양심을 못 배운 학생을 길러 내는 것

은 아닐까? 어떤 사람은 민주적인 방식으로는 학생에게 필요한 지적 사회적 능력을 배우지 못한다고 비판한다. 민주적인 방식을 취하는 교사는 학생에 대한 기대가 너무 높고 심지어 맹목적이라고 비판한다. 학생이 민주적인 방식으로 살 수 없다면, 우리는 학생에게 무엇을 기대할 수가 있을까? 학생을 존엄성 있는 인간으로 존중하는 것인가, 아니면 우리 자신을 더 존엄하게 해 주는 것인가?

이런저런 비판 내용을 떠나서 교사를 포함해서 그렇게 많은 사람이 민주적인 방식으로 가르치는 것을 비판하고 반대하는 데는 그만한 결정적인 이유가 있지 않을까 하는 의심이 든다. 대부분의 사람은 민주적인 방식으로 가르치는 것을 경험한 적이 거의 없다. 물론 우리가 민주적인 방식으로 가르쳐 봤는데 효과가 없었다고 말하는 동료나 학부모도 있다. 그러나 효과가 없었다고 말하는 교사나 부모는 좀 더 조직적으로 계획하거나 사소한 주제를 다루고, 추상적인 교과 내용을 인위적으로 연결한다고 말한다. 미안하지만 그러한 방식은 민주적인 방식으로 가르치는 것이 아니라 수업으로서도 부족한 수업이다. 부족한 수업이란 일반적으로 교실에서 해 온 수업처럼 강의식, 학습지를 푸는 활동, 훈련, 암기, 경쟁하는 수업처럼 수업 자체가 수업이 되기에 부족하다는 뜻이다. 그렇다고 부족한 수업 모습이 존재한다고 해서 교과교육 자체가 부족하다는 말은 아니다. 이 책에서 말하려는 것은 학생이 민주적인 방식으로 가르치는 것을 어떻게 경험할 수 있는가? 더 많은 교사가 통상적으로 해 온 수업을 넘어서 민주적인 방식으로 가르치기 시작하는 것, 그래서 민주주의를 정치적이고 절차적인 것으로 인식하는 장애물을 넘어서는 것 외에 별 뾰족한 방법이 없다고 생각한다.

길을 잃고 또 찾으며

지난 40년 동안 나는 교사에게 교실에서 민주적인 방식으로 가르치도록 독려하며 돕는 일을 해 왔다. 그동안 나는 특히 다음 두 질문에 답하려고 노력했다. 오늘날 민주주의에 대해서는 비판적이지만 여전히 다음과 같은 질문을 한다. 그리고 앞으로도 계속할 것이다.

• 민주적인 교육과정은 어떤 모습인가?
• 민주적인 교육과정을 개발하고 유지하도록 교사를 어떻게 도울 수 있는가?

버몬트 대학교에 있는 존 듀이John Dewey 기념비에는 듀이의 저서 『교육에 대한 신조A Common Faith』(1934) 마지막 단락에 나오는 민주주의에 대한 우리의 의무를 다음과 같이 적고 있다.

> 오늘날 인류는 먼 과거부터 자연과 상호작용하며 살아왔다. 우리가 자랑스러워하는 문명은 우리만의 것이 아니다. 문명은 우리가 서로 연결되어 있는 인류 공동체가 형성한 것이다. 우리는 우리가 물려받은 가치와 유산을 보존, 전달, 개선, 확장하여 우리의 후손이 우리가 받은 것보다 더 견고하고 안전하며 더 널리, 더 보편적으로 공유할 수 있도록 할 책임이 있다(p. 87).

이는 80년 전에 학교에서 진보주의 운동이 한창일 때 듀이가 한 말이다. 오늘날 많은 사람이 듀이 등 진보주의의 주장을 "진보주의를 지지하는 사람이 거의 없다.", "어린이 경험을 낭만적인 시각에서 잘못 강조한다." 등으로 일축한다. 하지만 나는 그렇게 생각하지 않는다. 비록 듀이 등이 이미 오래 전에 쓴 글이지만, 그동안 냉전 시대McCarthy area를 거치면서 경제가 미치는 영향도 커짐에 따라 듀이의 민주주의 사상이 소강상태임에도 듀이와 초기 진보주의자들이 말한 것이 가능하다고 생각한다. 듀이와 초기 진보주의자는 민주주의가 가능하다고 확신했다. 민주적으로 살 수 있다고 생각했다. 즉, 학교에서 교육과정을 통해서, 학교교육활동을 통해서, 지역과 관계를 형성하면서 학생에게 민주적인 방식을 가르칠 수 있다고 생각했다. 민주주의 아이디어는 빈껍데기가 아니다. 민주주의는 개인적인 이익을 추구하고, 돈이면 뭐든지 할 수 있다고 생각하고, 경쟁과 자유 시장 경제 개념을 기반으로 하는 것도 아니다.

대신에 민주주의는 지적으로 충분한 정보를 가지고 협력적으로 사회에 참여하는 것이다. 개성은 타인의 복지나 공동선과 균형을 맞추어야 한다. 인간의 존엄성, 평등, 정의, 배려는 정치적·경제적·사회적 관계를 위한 목적이자 수단이다. 이러한 가치 외에도 많은 아이디어가 있다. 이를테면 민주적인 학교democratic schools, 문화 간 교육intercultural education, 문제 중심 프로그램problem-centered core programs, 그룹 학습group learning 등 교육과정 통합을 더 정교화한 다양한 버전의 교육과정도 있다(Beane, 1997; Vars, 1991). 이 실제를 설명하고 이 실제를 끌어낸 민주주의는 소설이 아니다. 오히려 위대한 전통이다.

다음은 민주주의 역사를 개관하면서 내가 경험한 민주주의 이야기다. 내 어머니는 1920년대와 1930년대 진보주의 교사였고, 본인도 이를 자랑스러워하신다. 나는 이런 어머니 손에 자랐고, 어머니와 함께 우리 학교와 마을 사람들이 대화하는 곳에 같이 가곤 했다. 그래서 당시 어머니가 교육과정이 어떠해야 한다고 생각했는지를 알고 있다. 몇 년 후, 내가 교육과정에 대한 글을 쓰기 시작했을 때 어머니의 친구는 내가 집에 살면서 진보주의 아이디어를 배웠더라면 대학원 등록금을 아낄 수 있었을 거라고 농담도 했다.

나도 초임 시절에 '고전적인old' 진보주의자를 만났고 그것을 잊을 수가 없다. 나는 진보주의자와 개인적으로 민주주의에 관해 이야기하고 공식적인 회의에서 그들이 생각하

> 학교는 민주주의를 가르칠 수 있다. 민주주의는 민주적으로 생활한다는 기본적인 신념에 대해(on), 이 신념과 함께(with), 이 신념을 통해서(by)만 작동한다.
> L. Thomas Hopkins(1941).

는 민주주의 철학을 듣곤 했다. 우리는 학생 권리, 민주적인 교실, 학생이 교육과정을 계획하도록 돕는 방법, 사회적인 쟁점을 교육과정에 포함하는 방법, 표준화 시험이 공정하지 못한 점, 학생 영혼을 짓밟는 불공정함 등에 관해 이야기를 나누었다. 지금은 여러 가지 측면에서 당시와는 시대가 다르다. 그리고 너무나 많은 것을 잊고 있다.

민주적인 방식에도 역사가 있다. 오늘날 교수 학습(가르치고 배우는 일)에 대한 접근은 전혀 다르다. 부정하고 싶지만 실제로 부인할

수는 없다. 지금은 표준교육과정(성취기준) 운동이 한창이다. 이에 평가 정책과 표준화한 교육과정 패키지가 성행하고 있다. 지식이나 기능 목록을 '교육과정'이라고 부르면서, 교육과정 계획을 기준 Standards에 일치시키는 일로 규정하고, 평가(시험)가 압도하며, 차시 학습 계획 대본을 작성하게 하고, 여타 모든 공신력을 가진 메커니즘을 통해 학생과 교사를 통제하고 있다. 시험 점수를 숭배하는 교육을 하고 있다. 이는 잘못되었다. 학생에게 제시하는 기준은 무척 높아졌지만 정책가는 모든 학교(모든 학생)가 모두 이 기준에 도달하게끔 공평한 자원을 가질 수 있도록 지원하지 않고 있다.

[그림 6-1] 민주적인 교육과정에서는 개인적 주제나 사회적 주제가 중요하다

학교는 교육시장에서 틈새 제품이 되고 있다. 학부모와 지역 주민이 교육 '소비자'이고, 교육은 소비하는 '제품'이다. 교육시장에서는 부유층 자녀를 위한 프로그램을 만들고, 부유층이 문화적으로

우위에 있다는 것을 확인시켜 주며 부유층 자녀를 가난한 계층과 구분한다. 부모 세대 신념을 기반으로 한 새로운 프로그램을 개발한다. 기업에서도 이런 수요를 충족시키기 위한 새로운 프로그램을 개발한다. 요컨대, 점점 학교를 권력을 얻기 위한, 사리사욕을 채우기 위한 곳으로 생각한다. 우리 사회 여러 곳에서 그렇듯이, 학교에서도 공동선에 대한 의무감이 없어지고 있다. 학교는 소위 '인성교육'에 집중하지 않고 있으며, 학교교육을 안내할 교육학적인 또는 도덕적인 나침반 없이 최근에 유행하는 것처럼 현란한 프로그램이 범람하고 있다.

내가 정말로 금세기 역사가라면 어떨까? 민주적인 방식을 가진 학교교육을 통해서 "우리가 물려받은 가치와 유산을 보존, 전달, 개선, 확장해서 우리 후손이 우리가 받은 것보다 더 견고하고 안전하게 더 널리 공유할 수 있도록 책임을 다하고 있다."라고 생각할 수 있을까?

> 민주주의 사회에서 학교가 민주주의를 지지하고 확장하는 데 기여하지 않으면 학교는 사회적으로 쓸모가 없어지거나 사회를 위험하게 만들 수도 있다. 학생은 시민으로서 의무와 민주적으로 생활하는 데 무관심해질 것이다. …… 민주주의를 적대시하도록 교육할 것이다. 사람을 선동해서 민주적인 방식으로 생활하는 것을 희생시키는 운동을 하고 적대시하도록 할 것이다.
>
> James Mursell(1955).

생각해 보자. 민주적 방식을 취하는 학교나 교사를 이렇게 비난하기 때문에 얼마나 많은 교사가 상처받고 분노하는가? 사실 책무성 운동 이후 학교와 다른 공공기관은 개인적인 이익이나 정치적인 이기심으로 돌아가는 분위기다. 도덕적으로도, 교육적으로도 절망적이다. 교사를 감시·감독해서는 안 된다. 대신에 교사가 가르치는 조건에 관심을 기울여야 한다. 교사가 가르치는 조건이란 권위적인 통제가 증가하고 있는 점, 국가 간, 학생 간 시험 점수 경쟁을 하고 있는 점, 평준화 경향인 점, 사회 전반적으로 사회적 의식이 부족한 점 등이다. 이런 조건은 학교 밖에서 발생하기에 우리는 저항해야 한다. 이 조건들이 이제 학교교육과정에까지 침범하고 있다.

나는 지금 교육에서 민주주의가 추구하는 염원과 민주적으로 생활하는 방식에서 비롯하는 민주주의 목적을 부활시켜야 할 시기라고 생각한다. 무자비하게 교육과정을 강제하는 학교교육을 유산으로 여길 수는 없다. 우리 학생들의 미래로 여길 수도 없다. 우리는 지금 여러 학생에게 필요한, 지금과는 뭔가 다른 교육과정을 요구해야 한다.

우리는 교실 학습 공동체를 구성하는 다양한 집단의 학생이 함께하는 교육과정을 요구해야 한다. 교실 학습 공동체에서 학생이 민주적인 방식으로 생활하고 함께할 수 있어야 한다. 이는 다양한 집단을 선별하는 기계적인 기준이 아니라 각 집단을 만족시킬 정도로 다양성이 있어야 한다는 의미다.

우리는 학생과 사회에 개인적으로 그리고 사회적으로 중요한 주제(혹은 문제)를 중심으로 하는 교육과정을 요구해야 한다. 교육과정 정당성은 모든 사람, 특히 학생에게 필요해야 한다. 교육과정은 학생과 관련성이 있어야 한다. 학생 지적 능력이나 인식 능력을 존중해야 한다. 우리는 학생을 우리가 사는 세계 상황에 관심을 두는 사람으로서 존엄하게 대할 수 있는 교육과정을 요구해야 한다. 우리는 성인이 가치 있다고 생각하는 지식뿐만 아니라 학생이 학교

에서 배우고 싶어 하는 지식과 경험도 가치 있게 여기는 교육과정
을 요구해야 한다. 학생은 자신이 학습한 경험을 말할 수 있는 여지
가 있어야 하며 학생이 하는 말은 실제로 가치가 있다.

우리는 여러 출처에서 다양한 지식을 활용할 수 있는 의미 있고
학생이 접근 가능한 교육과정을 요구해야 한다. 학교에서 다루는
지식의 범위나 순서를 정할 때, 지식을 탐구하는 학생이 가진 탐구
리듬과 패턴이 (학생들이 한 번도 본 적이 없고, 공식적인 보고서나 통
계 자료에 의존하는) 학자나 관료적으로 권고하는 지식보다 더 중요
하다. 교육과정은 학문뿐만 아니라 대중문화 등 여러 출처의 지식
이어야 한다. 특정 출처, 특정 계층, 특정 문화가 독점하거나 특정
집단 이익을 위한 것이어서는 안 된다. 우리는 사회가 다양하듯이
다양하고 풍부한 지식을 포함하는 교육과정을 추구해야 한다.

우리가 찾을 수 있는 원천에서 가장 중요하고 최신 아이디어를
학생이 접할 수 있도록 하는 교육과정이 필요하다. 학생은 정보를
접할 권리가 있고 우리는 학생을 도울 의무가 있다. 우리는 학생이
기존의 지식을 비판하며 새로운 의미를 구성할 기회를 제공하는
교육과정을 요구해야 한다. 학생이 책이나 인터넷에 등장하는 정
보를 그냥 '사실'로 받아들이지 않도록 도와주어야 한다. 우리는 단
답형, 표준화 시험보다 더 나은 것을 제공하는 교육과정을 요구해
야 한다. 이런 평가는 학생이 실제로 배운 것, 정말로 알아야 할 가
치가 있는 것을 밝힐 수 없기 때문이다. 또 학생이 답한 것이 정말
로 학생이 확신하는 답인지, 일시적으로 기억하지 못하는 것은 아
닌지, 다른 방법으로 더 잘 설명할 수 있는지를 묻지 않기 때문이

다. 우리는 모든 학생에게 합리적이고 달성 가능해야 하며, 인종, 계층, 성별을 이유로 배제하지 않는 교육과정 목표(기대)를 설정해야 한다.

우리는 학생에게 친절하고 학생이 실망하기보다 희망과 가능성을 고양하는 교육과정을 요구해야 한다. 학생에게 통찰력과 흥미진진하며 발견하는 기쁨을 가져다주는 교육과정을 요구해야 한다. 학생이 더 많이 하고, 더 많이 만들고, 더 많이 창작하고, 더 많이 활동하는 교육과정을 요구해야 한다. 지금 교육과정이 요구하는 고된 일을 줄여야 한다. 학생에게 더 나은 세상을 상상하고 상상한 것을 만드는 방법을 시도할 수 있는 교육과정을 요구해야 한다. 학생에게 정의와 공평함을 가져다주고 우리 사회에 여전히 잔재한 편협한 편견을 극복하는 데 도움을 주는 교육과정을 요구해야 한다. 학생에게 민주주의를 가르치고 정치적인 야망이나 기업이나 시장이 추구하는 이윤에 연루하지 않은 교육과정을 요구해야 한다. 학교가 추구하는 것이 진정으로 학생을 위한 것인지 생각해보며 다른 이기심이 영향을 미치지 못하도록 보장하는 교육과정을 추구해야 한다. 우리는 우리보다 학생이 더 잘되도록 하는 교육과정이 필요하다. 우리가 그동안 학교에서 배웠던 것이 아니라 우리가 할 수 있을까 하고 바랐던 것과 우리가 해야 했던 것을 배울 수 있는 교육과정이어야 한다.

나는 오늘날 정치 상황에서 이러한 교육과정을 공개적으로 요구할 때 여러 면에서 비판을 받을 수 있다는 것을 알고 있다. 어떤 사람은 치열한 국제 경쟁 시대에 너무 이상적이라고 말할 수도 있다.

어떤 사람은 학생이 이러한 생각을 하는 것은 위험하다고 말할 수도 있다. 어떤 사람은 남을 이길 수 있는 능력이 필요한 시대에 너무 유약하다고 말할 수도 있다. 옳고 그른 답을 알아야 하는 학생에게 너무 애매하다고 말할 수도 있다. 어떤 사람은 다음과 같은 질의를 할 수도 있다. 세계 무대에서 우리 아이들이 경쟁력을 갖출 수 있을까? 국제적으로 학생의 점수를 비교하는 평가에서 우리 아이들이 높은 점수를 받을 수 있을까? 좋은 대학에 입학할 수 있을까?

　진보적인 교육과정을 요구하는 것이 보수적인 전문가나 토크쇼 진행자에게 조롱거리를 제공하는 것처럼 보일 수도 있다. 그러나 조롱은 전혀 중요하지 않다. 시민-교육자로서 우리는 민주주의에서 추구하는 교육이 지닌 고귀한 목적을 지킬 책임이 있다. 교육과정 가능성을 바라는 것이 바로 우리가 하는 도덕적인 도전이다. 우리는 진보적이고 민주적인 역사를 만들기 위해 투쟁한 사람들을 기억할 의무가 있다. 우리는 민주적으로 가르치고 배울 수 있다는 가능성을 되찾아야 할 의무가 있다. 우리는 민주적인 방식으로 가르치려는 교사를 돕고 지원할 의무가 있다. 그리고 우리는 이런 희망을 놓지 않았던 사람, 즉 어려운 시대에 진보적이고 민주적인 꿈을 계속 간직하고 있는 용기 있는 교사를 찾아내야 할 의무가 있다. 우리는 교사가 민주적인 의지와 노력을 유지하고 확장하도록 어떻게 도울 수 있는지를 질문해야 한다. 듀이J. Dewey가 요구한 것처럼, 우리가 어떻게 그런 교사가 하는 일이 가진 의미를 "더 폭넓게, 더 관대하게 공유할 수 있는지"를 질문해야 한다.

"우리는 여전히 민주적 방식을 고수한다"

조지 웨스트George West는 나에게 "우리는 여전히 민주적 방식을 고수하고 있습니다. 예전만 하지는 못하지만, 여전히 학생 중심입니다."라고 말했다. 나는 25년이 지난 후에 내가 사는 곳에서 수백 마일이나 떨어진 곳에 있는 이 책의 이야기 소재지인 어린이 학교 Children's School에 전화를 걸어서 여전히 민주적인 방식으로 가르치고 있는지 알아보았다. 초창기 교사 중 한 사람인 웨스트Mr. West 교사가 교장을 맡고 있었다. 매주 지역사회 협의를 계속하고 있었지만, 의사결정권이 1인 1표가 아니라 성인 비중이 높았다. 학생이 제안하고 운영했던 프로그램인 자전거 수리점, 우체국, 점심 시간 연극 등 일부 프로그램은 대체되었다. 대부분의 교실에서 교사는 여전히 어떤 형태로든 교육과정 계획에 학생을 참여시키고 있었지만, 교과 수업은 개인적·사회적 쟁점이나 문제를 중심으로 구성하지는 않았다. 성적도 일반적인 중학교에서 하듯이 백분율 등급 표기로 바꾸는 등 일반적인 학교 모습으로 돌아가고 있었다. 그러나 웨스트 교장이 "우리는 다른 학교보다 더 민주적이었기 때문에, 비교적 덜 후퇴했습니다."라고 말한 것처럼, 대부분 학교가 훈련과 연습 중심으로 돌아가고 있는 오늘날 상황에서 이 어린이 학교 Children's School는 여전히 여러 측면에서 주목할 만한 곳이었다.

하지만 오늘날 시대와 정치적 상황은 이 학교에도 큰 영향을 미치고 있었다. 이 학교는 인근 초등학교와 통합했는데, 이는 민주주의 학교를 고려하지 않는 교수들이 개입했다는 의미다. 또 일반 학교와 통합을 원하는 부모가 늘었다는 의미다. 어린이 학교Children's School에서 원래 취했던 민주적인 방식은 통상적인 방식으로 바뀌고 있었다. 또 일부 핵심 교사가 다른 학교로 이동했다는 것도 중요한 요인이었다. 그럼에도 조지는 "진자가 다시 흔들리기 시작하는 것 같아요."라며 희망적으로 말했다.

학교 이야기를 다 하고 나서 우리는 은퇴 계획, 지인 소식, 늙으면서 부리는 변덕 등 오랜 친구들과 나누는 이야기를 나눈 뒤, 나는 고맙다는 인사를 하고 전화를 끊으려 했다. 그런데 조지가 다음과 같이 말했다. "나는 항상 그 당시를 기억하면서 정말 진보적인 것이 어떤 것인지 생각하곤 해요. 우리 중 몇몇은 지금도 그때 당시 이야기를 하죠. 우리가 공동체 개념을 어디까지 발전시킬 수 있는지 그리고 학생에게서 시작하는 교육과정 개념을 어디까지 발전시킬 수 있는지 궁금해요." 우리가 작별 인사를 할 때, 조지는 덧붙여 이런 말도 했다. "우리는 여전히 당시를 기억하고 있습니다. 그리고 여전히 민주적인 방식을 고수하고 있습니다."

민주적인 방식을 한번 경험하고 나면 그 매력에서 완전히 벗어나기는 힘들다. 이는 무슨 의미일까? 제2장에서 나는 통합적이고 민주적인 교육과정이나 프로젝트를 만들어서 수업하는 교사를 만났다. 교사는 '이전 방식'으로 절대로 완전히 돌아갈 수 없다고 말했었다. 실제로 몇몇 교사는 이전 방식으로 돌아가야 한다고 지시하는 학교를 떠나기도 했다. 내 동료 스모키 다니엘스Smokey Daniels 는 도시 지역 여러 초등학교와 여러 고등학교가 민주주의 학교 프로젝트를 포기하는 것을 지켜본 사람이다. 그는 민주적인 방식으로 가르친 경험이 있는 교사가 민주주의 학교 프로젝트를 포기해야 할 때 괴로워하지만 '초월적인 힘'을 낸다고 주장한다.

같은 시공간에서 함께했던 학생들도 이미 오랜 시간이 지났지만 당시를 기억하는 것 같다. 이제는 고등학교 3학년이 된 한 학생은 능력별 반편성에서 요구하는 보고서를 작성하면서 7학년 때 문제 중심 협력적 교육과정 계획 과정에서 했던 주제를 떠올렸다고 당시를 다음과 같이 회상했다. "내가 기억하는 유일한 시간이에요……. 정말로 도전적이었던 유일한 시간이에요." 초등학생 시절을 민주적인 교실에서 보낸 한 대학생은 나에게 다음과 같이 말했다. "우리는 공동체였고 나는 우리 반 모든 친구, 심지어 내가 좋아하지 않는 친구와도 함께 활동하는 법을 배웠어요." 바바라 브로드하겐Barbara Brodhagen(1995)은 민주적인 교실을 연구하면서 학생과 추가 인터뷰한 내용을 이야기해 주었다. 학생 여러 명이 교실에서 얼마나 배웠는지를 이야기하고 나서 컴퓨터를 통해서 자신의 학급을 이질적인 혼합 그룹으로 만들게 해 달라고 요청했다고 했다. 한 학생은 "우리 반은 특별하지는 않았지만……. 이런 상황이 우리 반을 특별한 반으로 만들었어요."라고 말했다.

존 파커는 운동선수들은 경기장을 떠난 지 몇 년이 지나도 "머리에서 함성이 떠나지 않는다."라고 이야기한다. 민주적인 교실을 경험한 교사나 학생도 유사하다고 생각한다. 학생은 존중하고 배려하며 윤리적으로 생활한 것을 민주주의 매력으로 기억한다. 그렇다고 해서 민주적인 교실에서 생활을 낭만적으로만 보는 것도 아니다. 교실에서 민주적으로 생활하기까지 매우 힘들고 '시끄러운' 과정을 거친다. 하지만 나는 학생이 보고 느끼고 말하는 과정 자체에 매우 중요한 무언가가 있다고 믿는다. 나도 수년 동안 훌륭한(유명한) 민주주의 교사와 함께 일하며 알고 지내고 있다. 지금은 교사가 민주적 방식으로 가르치도록 돕는 일을 하고 있다. 내가 가르치는 교사도 학생에게 관대하고 민주적인 방식을 배울 수 있다고 믿는 점에 민주주의의 매력을 느끼는 것 같다.

　오랜 시간 동안 나는 민주적인 교사와 함께 일해 왔다. 이제 나는 인생 후반부에 들어섰지만, 여전히 민주적인 방식으로 가르치기 위해 노력하는 젊은 교사가 있는 학교에서 많은 시간을 보낸다. 민주적인 방식으로 가르치기 위해 노력하는 교사는 민주적인 방식을 배울 수 있다는 가능성을 순수하게 믿는 것 같다. 학생을 사랑하려고 노력하는 것 같다. 세월이 흘렀지만 나는 여전히 민주적인 교실이 주는 영감, 존엄, 희망에 압도되곤 한다. 존엄……. 그리고 희망. 오늘날 상황이 아무리 암울해도 조만간 점점 더 많은 교사가 민주적인 방식을 고려하고 마음에 새길 것이다. 그리고 교실(학교) 문화나 교육과정에도 민주적인 방식이 침투할 것이라고 희망한다. 그리고 거기서 학생은 민주적으로 생활할 것이다.

부록

교사가 활용할 수 있는 민주적인 방식 관련 성찰 목록

민주적인 방식을 취하는 교사는 자신이 하는 일을 끊임없이 성찰한다. 자신이 한 실천을 포함하여 대상을 탐구하는 것은 민주적 교수학습의 특성이다. 제1장 중간쯤 그리고 제2~4장 말미에 민주적 방식을 따르는 교사가 주로 하는 질문 목록들을 제시했다. 여기서 이 질문 목록들을 활용하기 쉽게 다시 부록으로 정리하였다. 거트루드 노어Gertrude Noar(1963)가 쓴 책, 『민주적 교수학습Teaching and Learning Democratic Way』에서 이 질문 목록들을 제시하고 있다. 이 책을 읽어 본 사람이라면 민주적인 방식으로 가르쳐 온 역사가 오래되었다는 것, 오늘날 교사가 성찰하는 질문도 역사의 일부라는 것을 알 수 있을 것이다.

민주적인 방식 취하기

- 우리는 학생을 어떻게 생각하는가? 학생을 존엄하게 다루는가? 한 사람으로 대화하는가? 학생으로 대화하는가? 우리는 학생-교사로서 학생과 관계를 맺는 것은 아닌가?

- 우리는 가르칠 때 민주주의 절차를 어떻게 활용하는가? 교실에서 일어나는 일에 대한 발언권을 학생에게 주는가? 학생은 함께하는 법을 어떻게 배우는가? 학생은 우리가 말하는 것을 적극적으로 탐구하는가? 혹은 그냥 수동적으로 받아들이는가?

- 학교 구조는 학생을 공정하고 공평하게 대하는 구조인가? 모든 학생이 다양하고 풍부한 경험을 하는가? 공동체 내에 있는 집단은 다양한가? 학교 안에서 어떤 집단이 다른 집단보다 학업적으로 성공할 기회를 더 많이 얻는가? 학교 문화는 모든 집단원에게 공평한가? 학교교육 자원을 전체 재학생에게 공평하게 배분하는가?

- 학교 안팎의 개인적·사회적 쟁점을 다루면서 배우는 교육과정이 있는가? 다양한 문화를 존중하는 교육과정인가? 다양성을 극복해야 할 문제로 보는가, 긍정적으로 존중해야 하는 것(학교에서 생활하고 학습할 수 있는 가능성을 풍부하게 하는 것)으로 보는가?

- 학교에서 사람들은 민주적으로 일하는가? 쟁점이나 문제를 함께 다루는가? 함께 교육과정을 개발하는가? 개인적으로 혹은 협력적으로 수업을 성찰하는가?

- 학교를 민주적으로 운영하는가? 학생, 교직원, 학부모나 보호자, 기타 구성

원들이 학교를 생각하고 의사결정할 기회가 있는가?

• 학교 직원이나 학교 정책은 학생을 존엄과 존중으로 대하는가? 의사소통이 진솔하고 개방적인가? 모든 사람이 정책 및 절차를 의사결정하는 데 공평하게 접근할 수 있는가?

민주적인 방식으로 가르치기

• 학생은 교실에서 교육과정을 계획할 때 목소리를 내는가?

• 선정한 내용은 사회적으로 의미 있는가?

• 학생은 엄격하고 진정한 활동에 참여하는가?

• 다양한 출처나 관점을 참고하는가?

• 정보나 관점을 비판적으로 검토하는가?

• 교실에서 한 일을 어떻게 지역사회 봉사로 확장하는가?

• 우리가 한 일을 성찰하고 평가하기 위해 다양한 방법을 활용하는가?

• 학생도 우리가 한 평가에 대해 적절하게 발언하는가?

• 학생이 자기가 한 일을 평가할 때 적절한 목소리를 내는가?

• 기대는 충분히 높은가? 모든 학생이 도달할 수 있는가?

• 활동과 자료는 다양한가? 모든 학생이 접근할 수 있도록 공평한가?

• 교사로서 역할은 민주적인가?

민주적인 방식으로 생활하기

- 우리 교실은 공동체인가, 아니면 그냥 학생이 모인 곳인가? 우리는 서로 협력하는가? 교실 공동체를 관리하고 유지하는 데 학생이 참여하는가?

- 나는 학생을 학생으로 보는가, 아니면 한 인간으로 이해하는가? 교실에서 학생이 낸 의견을 논의하는가? 나는 학생을 한 인간으로 진지하게 대하는가?

- 학생 다양성은 극복해야 할 문제라고 생각하는가, 아니면 교실 공동체를 풍성하게 해 주는 잠재적인 자산이라고 생각하는가? 우리 교실에서는 혹은 교육과정에서는 다양한 문화를 다루는가? 내가 속한 문화는 우리 교실에서 볼 수 있는 주류 문화인가, 아니면 여러 문화 중 하나인가?

- 우리 교실은 '지식을 다루는 궁전'인가? 우리가 주로 하는 질문은 무엇인가? 이벤트, 문제, 아이디어를 넘어서 탐구하는가? 다양한 원천에 접근해서 다양한 의견이나 아이디어를 찾는가? 상황, 쟁점, 사건의 윤리적 측면을 고려하는가?

- 나는 민주주의를 통치 방식이라고만 생각하는가, 아니면 교육과정을 운영하는 방식이라고도 생각하는가?

민주적인 교사 되기

- 우리가 누구인가? 우리가 책임져야 할 학생, 학교 공동체나 문화는 무엇인가?

- 민주적 공동체에 동료를 초대하는가? 혹은 배타적인가?

- 민주적 공동체를 만들기 위해서 새로운 방식을 찾아야 하는가? 혹은 학교에서 이미 하는 것 중에서 찾아야 하는가?

- 교사 교육자(대학교수나 강사)로서 우리는 교사에게 우리가 진정 학교나 교실을 더 민주적인 공간으로 만들려고 노력한다고 말할 수 있는가? 혹은 학교에서 교사가 해야 할 일에 관해서만 이야기하는가?

참고문헌

Allen, J. (Ed.) (1999). *Class Actions: Teaching for Social Justice in Elementary and Middle School*. New York: Teachers College Press.

Apple, M. (1993). *Official Knowledge: Democratic Education in a Conservative Age*. New York and London: Routledge.

Apple, M. (2001). *Educating the "Right" Way*. New York: RoutledgeFalmer.

Apple, M. W., & Beane, J. A. (Eds.) (1995). *Democratic Schools*. Alexandria, VA: Association for Supervision and Curriculum Development.

Bastian, A., Fruchter, N. Gittell, M. Greer, C., & Haskins, K. (1986). *Choosing Equality*. Philadelphia: Temple University Press.

Beane, J. (1990a). *Affect in the Curriculum: Toward Democracy, Dignity, and Diversity*. New York: Teachers College Press.

Beane, J. (1990b). *A Middle School Curriculum: From Rhetoric to Reality*. Columbus, OH: National Middle School Association.

Beane, J. (1997). *Curriculum Integration: Designing the Core of Democratic Education*. New York: Teachers College Press.

Beane, J., Brodhagen, B., & Weilbacher, G. (2005). Show Me the Money. In H. Daniels & M. Bizar, *Teaching the Best Practice Way; Methods That Matter*. Portland, ME: Stenhouse.

Beyer, L. E., (Ed.) (1996). *Creating Democratic Classrooms: The Struggle to Integrate Theory and Practice*. New York: Teachers

College Press.

Bigelow, W., & Peterson, R. (Eds.) (1991). *Rethinking Columbus*. Milwaukee, WI: Rethinking Schools Ltd.

Boomer, G., Lester, N., Onore, C., & Cook, J. (1992). *Negotiating the Curriculum*. London: Falmer.

Brady, M. (2000). The Standards Juggernaut. *Phi Delta Kappan, 81*(9), 652-656.

Brady, M. (2004). *Priceless Lesson Teacher, Students Put Learning Into Action, Show What Can Be Done*. Orlando Sentinel, 22 May, A19.

Brodhagen, B. (1994). *Assessing and Reporting Student Progress in an Integrative Curriculum*.

Brodhagen, B. (1994). *Teaching and Change 1*, 238-254.

Brodhagen, B. (1995). The Situation Made Us Special. In M. W. Apple & J. A. Beane, (Eds.), *Democratic Schools*. Alexandria, VA: Association for Supervision and Curriculum Development 83-100.

Brodhagen, B., Weilbacher, G., & Beane, J. (1998). What We've Learned from 'Living in the Future.' In L. Beyer & M. Apple (Eds.), *The Curriculum: Problems, Politics, and Possibilities*. Albany, NY: SUNY Press 117-33.

Carnegie Corporation and the Center for Information and Research on Civic Learning and Engagement (2003). *The Civic Mission of Schools*. Available at www.civicmissionoischools.org/.

Cobb, C. (1991). Mississippi Freedom School Curriculum-1964. *Radical Teacher, 40*(1), 5-34.

Counts, G. (1952). *Education and American Civilization*. New York: Bureau of Publication, Teachers College, Columbia University.

Daniels, H., & Bizar, M. (1998). *Methods That Matter: Six Structures for Best Practice Classrooms*. York, ME: Stenhouse.

Daniels, H., Bizar, M., & Zemelman, S. (2001). *Rethinking High Schools*. Portsmouth, NH: Heinemann.

DePung, M. (2001). The Genesis of a Teacher Study Group: Analysis and Implications for a Democratic School. *Democracy and Education, 14*(2), 15-18.

Dewey, J. (1916). *Democracy and Education*. New York: Macmillan.

Dewey, J. (1934). *A Common Faith*. New Haven, CT: Yale University Press. Delta Pi.

Dewey, J. (1938). *Experience and Education*. Bloomington, IN: Kappa.

Dewey, J. (1946). *Problems of Men*. New York: Philosophical Library.

Faunce, R., & Bossing, N. (1951). *Developing the Core Curriculum*. New York: Prentice Hall.

Freire, P. (1970). *Pedagogy of the Oppressed*. Translated by M. Bergman. New York: Continuum.

Gay, G. (2003/2004). The Importance of Multicultural Education. *Educational Leadership, 61*(4), 30-35.

Gastil, J. (1993). *Democracy in Small Groups: Participation, Decision-Making, and Communications*. Philadelphia: New Society.

Glickman, C. (2003). *Holding Sacred Ground: Essays on Leadership, Courage, and Endurance in Our Schools*. San Francisco: Jossey-Bass.

Goodlad, J. (1997). *In Praise of Education*. New York: Teachers College Press.

Grady, E. (2003/2004). Future Shock. *Educational Leadership, 61*(4), 65-69.

Green, M. (1985). The Role of Education in a Democracy. *Educational Horizons, 63*, 3-9.

Gutmann, A. (1987). *Democratic Schools*. Princeton, NJ: Princeton

University Press.

Hall, I., Campbell, C., & Miech, E. (Eds.) (1997). *Class Acts: Teachers Reflect on Their Own Classroom Practice*. Cambridge, MA: Harvard University Press.

Hargreaves, A., & Fullan, M. (1998). *What's Worth Fighting for Out There?* New York: Teachers College Press.

Hess, D. (2002). Teaching Controversial Public Issues Discussions: Learning from Skilled Teachers. *Theory and Research in Social Education, 30*(1), 10-41.

Hirsch, E. D. (1987). *Cultural Literacy*. Boston: Houghton Mitlin.

Hopkins, L. I. (1941). *Interaction: The Democratic Process*. New York: Heath.

Horton, M. (1990). *The Long Haul*. New York: Doubleday.

Hunt, J. (2001). A Collective Progressive Voice in Special Education. *Democracy and Education, 14*(1), 2.

Johnson, D., Johnson, R., Holubec, E., & Roy, P. (1991). *Cooperation in the Classroom*. Edina, MN: Interaction Books.

Kantor, H., & Lowe, R. (2000). Bureaucracy Left and Right: Think. ing About the One Best System. In L. Cuban & D. Shipps (Eds.), *Reconstructing the Common Good in Education*. Stanford, CA: Stanford University Press 130-147.

Kelley, E. (1962). *In Defense of Youth*. Englewood Cliffs, NJ: Prentice Hall.

Kohn, A. (1996). *Beyond Discipline: From Compliance to Community*. Alexandria, VA: Association for Supervision and Curriculum Development.

Kohn, A. (1998). Only for My Kid: How Privileged Parents Undermine School Reform. *Phi Delta Kappan, 79*(8), 568-577.

Kozol, J. (1975). *The Night is Dark and I Am Far from Home*. New York: Simon & Schuster.

La Escuela Fratney. (2003/2004). *Themes for La Escuela Fratney 2003/2004*. Available at www.milwaukee.k12.wi.us/pages/MPS/Schools/elem/fratney/Welcome/themes.

Lipka, R. (1997). Research and Evaluation in Service Learning. In J. Schine, *Service Learning, Ninety-Sixth Yearbook of the National Society for the Study of Education*. Chicago: University of Chicago Press.

Lockwood, A. (1985/1986). Keeping Them in the Courtyard. *Educatonal Leadership, 43*, 9-10.

Lockwood, A., & Harris, D. (1985). *Reasoning with Democratic Values*. New York: Teachers College Press.

Loewen, J. (1995). *Lies My Teacher Told Me: Everything Your American History Textboooks Got Wrong*. New York: Simon & Schuster.

Marks, H., Newmann, E., & Gamoran, A. (1996). Does Authentic Pedagogy Increase Student Achievement? In F. M. Newmann & Associates, *Authentic Achievement: Restructuring Schools for Intellectual Quality*. San Francisco: Jossey-Bass. 49-73.

McDermott, C. (Ed.) (1998). *Beyond the Silence: Listening for Democracy*. Portsmouth, NH: Heinemann.

Meier, D. (1995). *The Power of Their Ideas: Lessons for America from a Small School in Harlem*. Boston: Beacon.

Meier, D. (2004). NCLB and Democracy. In D. Meier, & G. Wood, (Eds.), *Many Children Left Behind: How the No Child Left Behind Act Is Damaging Our Children and Our Schools*. Boston: Beacon. 66-78.

Meier, D., & Schwartz, P. (1995). Central Park East Secondary School:

The Hard Part Is Making It Happen. In M. W. Apple & J. A. Beane (Eds.), *Democratic Schools*. Alexandria, VA: Association for Supervision and Curriculum Development 26-40.

Mikel, E. (2000). Deliberating Democracy. In P. Joseph, S. Bravmann, M. Windschitl, E. Mikel, & N. Green, *Cultures of Curriculum*. Mahwah, NJ: Lawrence Erlbaum 115-136.

Mursell, J. (1955). *Principles of Democratic Education*. New York: Norton.

Nagel, N. (1996). *Learning Through Real-World Problem Solving*. Thousand Oaks, CA: Corwin.

National Association for Core Curriculum. (1985). *Core Today: Rationale and implications* (3rd ed.). Kent, OH: The Association.

National Commission on Excellence in Education. (1983). *A Nation at Risk*. Washington, DC: U. S. Department of Education.

National Service Learning Clearinghouse. *What Is Service Learning?* Available at www.servicelearning.org/.

Nelson, J. R., & Frederick, L. (1994). Can Children Design Curriculum? *Educational Leadership, 51*(5), 71-74.

Newman, F., & Associates. (1996). *Authentic Achievement: Restructuring Schools for Intellectual Quality*. San Francisco: Jossey-Bass.

Ogle, D. (1986). K-W-L: A Teaching Model That Develops Active Reading of Expository Text. *Reading Teacher, 39*, 564-570.

Ohanian. S. (2002). *What Happened to Recess and Why Are Our Chidren Struggling in Kindergarten?* New York: McGraw-Hill.

Palmer, P. (1998). *The Courage to Teach*. San Francisco: Jossey-Bass.

Parker, W. (2005). Teaching Against Idiocy. *Phi Delta Kappan, 86*(5), 344-351.

Peterson, B. (1995). La Escuela Fratney: A Journey Toward Democracy.

In M. Apple & J. Beane (Eds.), *Democratic Schools*. Alexandria, VA: Association for Supervision and Curriculum Development 58-82.

Ravitch, D. (2000). *Left Back: A Century of Failed School Reform*. New York: Simon & Schuster.

Rethinking Schools. (2004). *The New Teacher Handbook*. Milwaukee, WI: Rethinking Schools.

Rosenstock, L., & Steinberg, A. (1995). Beyond the Shop: Reinventing Vocational Education. In M. Apple & J. Beane (Eds.), *Democratic Schools*. Alexandria, VA: Association for Supervision and Curriculum Development 41-57.

Santone, S. (2003/2004). Education for Sustainability. *Educational Leadership, 61*(4), 60-63.

Schubert, W. (1986). *Curriculum: Perspective, Paradigm, and Possibility*. New York: Macmillan.

Sehr, D. (1997). *Education for Public Democracy*. Albany: SUNY Press.

Shaw, C. C. (1993). A Content Analysis of Teacher Talk During Middle School Team Meetings. *Research in Middle Level Education, 17*(1), 27-45.

Soder, R. (Ed.) (1996). *Democracy, Education, and the Schools*. San Francisco: Jossey-Bass.

Soder, R., Goodlad, J., & McMannon, T. (Eds.) (2001). *Developing, Democratie Character in the Young*. San Francisco: Jossey-Pasa.

Thomas, J. (2000). *A Revlew of Research on Project-Based Learning*. Available at www.autodesk.com/foundation.

Vars, G. F (1991). Integrated Curriculum in Historical Perspective. *Educational Leadership, 49*(1), 14-15.

Varvus, M. (2002). *Transforming the Multicultural Education of Teachers*.

New York: Teachers College Press.

Wesley, C. (1941). Education for Citizenship in a Democracy. *Journal of Negro Education, 10*, 68-78.

Williams, R. (1961). *The Long Revolution*. London: Chatto and Windus.

Wineburg, S., & Martin, D. (2004), Reading and Rewriting History. *Educational Leadership, 62*(1), 42-45.

Wood, G. (1992). *Schools That Work*. New York: Dutton.

Zap, R. (1959). *Democratic Processes in the Secondary Classroom*. Englewood Cliffs, NJ: Prentice Hall.

Zinn, H. (1980). *A People's History of the United States*. New York: Harper and Row.

찾아보기

내용

저자 소개

James A. Beane

교육과정 통합을 연구하는 분야에서 탁월한 철학을 세운 학자다. 한때 학교 교사였고, 학교 코치로도 일했다. 이런 경험을 바탕으로 이후 National-Louis University (US) Curriculum and Instruction 학과 소속의 교수로 재직하다가 은퇴했다. 그동안 『Curriculum Integration: Designing the Core of Democratic Education』(Teachers College Press, 1997), 『A Reason to Teach: Creating Classrooms of Dignity and Hope』(Heinemann, 2005) 등 여러 책을 저술했고, 절친한 동료인 Michael W. Apple과 『민주주의 학교』(Heinemann, 2007) 등을 공동 집필했다.

역자 소개

정광순(Jeong Gwangsoon)

1989년부터 초등학교에서 교사로서 가르치기 시작하였다. 2010년 이후부터는 한국교원대학교에서 예비교사 교육자로서, 그리고 초등교육과정 및 초등 통합교과 분야 학자로 활동 중이다. 초등교육 과정론, 초등 통합교과 교육론, 초등 교사의 교육과정 문해력 등을 강의하며, 한국통합교육과정학회, 한국초등교육학회, 한국교육과정학회 회원으로 활동 중이다. 그동안 2007, 2009, 2015, 2022 개정 교육과정(초등 통합교과) 개정 연구와 교과용 도서 개발에 참여해 왔다. 『2015 개정 교육과정에 따른 초등학교 통합교과 교육론』(학지사, 2019) 등의 저서와 『가르친다는 것의 의미』(공역, 학지사, 2012) 등의 역서가 있다.

e-mail: jks5133@knue.ac.kr

가르치는 이유

A REASON TO TEACH
Creating Classrooms of Dignity and Hope
The power of the democratic way

2024년   4월 20일 1판 1쇄 인쇄
2024년   4월 25일 1판 1쇄 발행

지은이 • James A. Beane
옮긴이 • 정광순
펴낸이 • 김진환
펴낸곳 • ㈜학지사

　　　　　04031 서울특별시 마포구 양화로 15길 20 마인드월드빌딩
대표전화 • 02-330-5114　　팩스 • 02-324-2345
등록번호 • 제313-2006-000265호

홈페이지 • http://www.hakjisa.co.kr
인스타그램 • https://www.instagram.com/hakjisabook

ISBN 978-89-997-3107-5 93370

정가 15,000원

출판미디어기업 **학지사**

간호보건의학출판 **학지사메디컬** www.hakjisamd.co.kr
심리검사연구소 **인싸이트** www.inpsyt.co.kr
학술논문서비스 **뉴논문** www.newnonmun.com
교육연수원 **카운피아** www.counpia.com
대학교재전자책플랫폼 **캠퍼스북** www.campusbook.co.kr